Une vie de foot

Sonia Bompastor

Avec Farid Haroud

Une vie de foot

ARTHAUD

82, rue Saint-Lazare
CS10124
75009 Paris
ISBN : 978-2-0804-4221-5

1

En grande pompe

J'ai les pieds trop petits ou des chaussures trop grandes mais quel que soit l'angle sous lequel on regarde la scène, je ne suis pas à mon aise. 26 mai 2011, stade de Craven Cottage à Londres. Finale de la Ligue des champions, vingt-septième minute de jeu. Je m'apprête à tirer le corner le plus important de ma carrière. Trois heures auparavant, il a plu des torrents célestes comme seuls les nuages britanniques peuvent en déverser. En arrivant dans les vestiaires avant le match, j'avais fait rire toute l'équipe : « Je suis en galère les meufs, je vais devoir jouer en crampons vissés. » Au foot, selon la qualité de la pelouse et selon la météo, on porte soit des chaussures à crampons moulés en plastique, pour terrains secs, soit des chaussures à crampons vissés en métal et plus longs, pour des sols détrempés. Je mesure 1,62 mètre. Je chausse du trente-sept un tiers. En moulés, pas de problème, j'avais des chaussures de qualité aux pieds. En vissés, en revanche, je devais me contenter de la version enfant, en imitation cuir. Elles étaient en plastique dur et inconfortable. Pour moi, il était hors de question d'utiliser de mauvais outils. La première taille proposée alors, dans une peausserie digne de ce nom, était du trente-neuf un tiers, soit la plus petite des tailles chez les hommes. Et comme les équipementiers ne se préoccupaient pas trop des particularités féminines, on se fournissait donc chez les garçons.

Après le déluge de l'après-midi, j'étais prise au piège. C'était la grande finale face aux tenantes du titre, les Allemandes de Potsdam. La coupe qu'elles détenaient, nous devions la ramener à la maison, une première pour un club français. Vu l'enjeu, je ne pouvais pas me permettre de patiner dans la boue anglaise. Il me fallait être cramponnée solidement à ce maudit gazon londonien gorgé d'eau. Donc pas le choix : crampons vissés. Avant de m'équiper du brassard de capitaine de l'Olympique lyonnais, j'avais enfilé une première paire de chaussettes, puis une seconde, sous les rires sonores et fournis de mes coéquipières. Pour finir, j'avais comblé le vide avec du coton placé au bout des pieds. Au moment de tirer ce fameux corner, j'ai l'impression d'être aussi équilibrée que Bambi sur la glace. Gare à la gamelle, attention au ridicule, d'autant plus qu'exceptionnellement, la rencontre est diffusée en direct à la télévision française. Alors je fais avec. « Faire avec », c'est comme une figure imposée depuis que je pratique le football. Faire avec les interdits, les embûches, les injustices. Alors, deux pointures de trop en ce jour tant attendu, ce n'est pas grand-chose. Et, malgré ce problème de taille, je ressens ce sentiment profond d'être une nouvelle fois au bon endroit, au bon moment. Cette sensation, je la croise régulièrement. Elle m'accompagne à chaque carrefour essentiel de mon existence. 21 h 27, les pieds en canard je prends un élan précaire et au moment où mon pied touche le ballon, je n'imagine pas encore à quel point ma vie va basculer quelques secondes plus tard. En revanche, je sais très bien d'où je viens. Pour parvenir à ce coin de stade de Londres, il m'a fallu toute une vie. Bien avant les titres, bien avant les sélections en équipe de France, bien avant les deux stades qui portent mon nom, bien avant ce corner, il y a eu la petite Sonia.

Je suis née le 8 juin de l'année 1980, à Blois. Ma famille habitait dans le Loir-et-Cher, mais pas depuis longtemps. Ma mère, Maria Isabel Rodrigues Da Silva, et mon père, Joaquim Manuel Pinheiro Bompastor, ont vécu leur jeunesse à Póvoa de Varzim dans le nord du Portugal, près de Porto. Papa a débarqué en premier dans la commune de Mer située dans la Petite Beauce au début des années 1970. Il est arrivé avec ses parents, puis ma mère, qui était son amour de toujours, l'a rejoint au bout de quelques années. Lui, 19 ans, elle 22. Lui avait toute sa famille en France, elle avait laissé la sienne au pays. Mon père avait étudié le français à l'école, il maîtrisait cette langue. Ma mère, pour sa part, ne s'exprimait qu'en portugais. Ils venaient ensemble chercher une vie meilleure et à l'époque, comme le boulot ne manquait pas en France, l'immigration dérangeait beaucoup moins. L'usine de matelas Épéda recherchait des bras, ils ont proposé les leurs et à eux la vie d'ouvriers spécialisés. De leur union est rapidement né José Pedro, quatre ans plus tard ce fut mon tour et enfin vint Helder en 1985. Nous avons vécu en HLM jusqu'en 1989 et à ce moment-là mes parents ont décidé de faire construire leur maison, toujours à Mer, afin de s'ancrer un peu plus en France.

Maman était une mère aimante et toute dévouée à sa famille. Elle ne mesurait que 1,58 mètre, était très menue et très dynamique. Elle ne s'arrêtait jamais de bosser, à l'usine comme à la maison. Nous étions tout pour elle ; elle faisait tout pour nous. Mon père travaillait sans relâche, il était toujours prêt à aider les autres en dehors du boulot. Il n'avait qu'un loisir mais qui occupait tout le reste de son temps libre : le football. Mon père était arbitre de district. Sur ces terrains, on ne croise ni de la belle pelouse ni la fine fleur des sportifs. Mais sans arbitre pas de match, alors tous les dimanches, Joaquim Bompastor était certes conspué par des footballeurs de petit calibre, mais il était indispensable. Toutes les semaines, nous le suivions, c'était notre sortie dominicale. Après son match, nous filions à Blois au centre portugais. On y prenait une boisson, on y dégustait un poulet et le dimanche suivant, ça recommençait. Je revois encore mon père au terme de sa journée sportive sortir de sa valisette ses cartons jaunes et rouges, son sifflet et son petit cahier. Il rédigeait alors des rapports disciplinaires à l'attention du district à chaque fois qu'il avait distribué un avertissement. Des heures de travail et, au bout du compte, une maigre indemnité de déplacement et une reconnaissance famélique. Papa faisait ça uniquement par passion. Le samedi en tout début d'après-midi, il s'enfermait dans la cuisine pour écouter à la radio portugaise les retransmissions en multiplex des matchs du championnat de première division. Le volume à fond, il était tout particulièrement attentif aux résultats du Varzim SC.

Dans cet univers où le ballon était comme une planète centrale, Pedro, mon aîné, a très vite voulu son orbite. Il a débuté très jeune, il était doué. Son créneau à lui c'était le samedi et, comme pour papa, on le suivait partout. J'ai passé ma prime enfance au bord des terrains. Et sur ces bandes de terre, il y avait toujours des ballons et d'autres gamins. Chaque fois, ça se terminait en foot sauvage

Le foot, chez les Bompastor, c'était comme une messe, une procession familiale. Tout le monde y allait. Aucun d'entre nous ne restait à la maison, même en plein hiver. Ma mère adorait ces rendez-vous avec le foot, elle accompagnait avec bonheur le moindre match de son fils et de son mari. Pourtant, dans le milieu amateur, le public n'était pas tendre avec l'arbitre. Autour du terrain, les insultes fusaient de tous les côtés. L'épouse de l'homme en noir n'était pas non plus épargnée. Je me souviens d'une fois où un spectateur généreusement alcoolisé n'arrêtait pas de hurler des injures en enfilade. Pour finir son inventaire, il avait lâché : « Eh l'arbitre, t'es qu'un gros cocu ! » Ma mère à ses côtés ne réagissait pas mais Pedro, qui devait avoir 17 ans, a fini par exploser. Il l'a interpellé sèchement :

« C'est quoi ton problème ?

— Tu vois bien qu'il est nul à chier l'arbitre.

— L'arbitre, c'est mon père et sa femme, elle est à côté de toi. Cocu, tu dis ? Mais ta femme, à toi, elle est où ? »

Pedro, mon frère, mon héros que je souhaitais imiter dans tous les domaines. Il était mon modèle et j'étais pénible avec lui, insupportable, un vrai pot de colle qui ne le lâchait pas d'une semelle. J'étais fan de sa vie. Je souhaitais la même. Il avait quatre ans de plus que moi, il sortait avec ses copains et passait l'essentiel de son temps à jouer au football. Les soirs d'été, en bas des bâtiments, il disputait avec ses potes d'interminables parties jusqu'à minuit et moi je m'incrustais dans les équipes. J'étais l'unique fille et Pedro ne voulait pas de moi. Cette petite sœur encombrante le fatiguait. « Tu vois bien que t'es la seule, non ? Les frangines des autres ne traînent pas ici. » Heureusement ses amis n'étaient pas dérangés par ma présence qui les amusait.

Sur le terrain, j'étais comme une lionne. Comme on dit, s'il fallait mettre des lattes, je mettais des lattes, des coups de pied dans les tibias. Toute petite mais déjà une rageuse. J'étais heureuse, comblée et j'y retournais avec bonheur. La liberté, l'insouciance, le partage, les courses folles. J'ai très vite su ce que je devais faire sur le terrain sans que l'on m'explique. Une forme de don. Et puis, je regardais avec attention ce que faisait Pedro balle au pied. À 11 ans, il a quitté la maison pour entrer en sport études avec comme objectif de devenir footballeur professionnel. Malheureusement pour lui, cinq ans plus tard alors qu'il était au centre de formation d'Auxerre, il a craqué nerveusement et a tout envoyé balader. Le foot de haut niveau est un univers impitoyable où la concurrence ne connaît pas de répit. Il nécessite une force de caractère qui n'est pas donnée à tout le monde. Pedro m'a souvent dit que moi, j'avais cette force, depuis toujours. Quand nous étions gamins, il était la principale victime de mes humeurs de compétitrice. Il était assurément plus fort que moi et quand il me dribblait, je lui mettais des coups très violents, sans pitié. Au ping-pong, je lui envoyais régulièrement la raquette en pleine figure en cas de défaite.

La défaite, la grande ennemie que j'ai toujours eue en haine. Perdre face à mon frère qui avait quatre ans de plus ? Impossible. Tout ce que je faisais devait se solder par une victoire. Pedro fut d'une patience incommensurable. Il a su très tôt que rien ne pourrait m'empêcher de jouer. Il a compris que je franchirais tous les obstacles. Le premier à se dresser sur ma route fut ma mère. Lorsqu'à l'âge de 6 ans, je lui ai annoncé ma volonté de pratiquer le football en club, avec inscription officielle, elle a dit d'une voix implorante : « Pas toi ! Pas ma fille ! » Dans sa tête se développait un incendie qu'il fallait éteindre rapidement pour ne pas être dépassée. Elle craignait le regard des autres ; elle redoutait celui de la famille restée au Portugal, en particulier celui de son père. Pour mon grand-père maternel, une fille qui jouait au foot c'était inconvenant et inconcevable. Je me souviens que chez nous, trônait une photo encadrée, mon premier souvenir de foot. Sur le cliché, j'ai 3 ans. J'ai les cheveux longs, je sers sous le bras un ballon en plastique et je porte une robe. Moi vêtue de la sorte, c'était une rareté ou plutôt une concession accordée à maman qui redoutait par-dessus tout qu'on me prenne, comme elle disait, pour « un garçon manqué ». Je n'ai jamais compris cette expression. Une « fille réussie », c'est quoi ? Elle ne devrait pas jouer au foot ? Je n'avais pas le temps pour tous ces freins alors, maman ou pas, j'allais accélérer.

Ma mère a tout fait pour me dissuader. « Pour le sport on va trouver une autre solution plus adaptée à toi, ma petite fille. » J'ai dû tout essayer en traînant des pieds : tennis, tennis de table, basket, handball. Cela n'a fait que retarder l'échéance de deux ans. J'étais têtue et décidée, déjà. Et elle connaissait ma détermination sans faille, je la lui avais prouvée dès le plus jeune âge. Dans les années 1980, la maternelle n'était pas une obligation. De mes 3 ans à mes 6 ans, j'ai mené une guerre pour ne pas aller à l'école. Je ne m'y suis rendue que par intermittence, contrainte et forcée. Tous les jours ou presque, ma mère tentait pourtant de m'y emmener. Elle me traînait sur le trottoir et moi en pleurs, en crise, je résistais, je hurlais tout ce que je pouvais devant des témoins incrédules. Alors souvent, maman, toute honte bue, faisait demi-tour, de peur d'être jugée par des inconnus. Tant et si bien que lors de ma première rentrée obligatoire en cours préparatoire, je ne maîtrisais pas le français. Je vivais isolée dans une bulle portugaise et, tout naturellement, j'ai redoublé mon CP. Obstinée au-delà du raisonnable.

Pour le foot, j'ai fini par gagner le bras de fer. Mes parents m'ont inscrit à l'Union sportive Mer, mon premier club, en 1988. À mes yeux, cela signifiait surtout que je pouvais faire encore plus dans le domaine que j'aimais. Une séance d'entraînement le mercredi et le match le samedi. Le temps des copains et d'une copine. Dans l'effectif, nous étions deux filles. Moi et Fanny, que je ne remercierai jamais assez. Fanny était notre « miss catastrophe ». Régulièrement, elle se blessait. De sérieuses blessures, de quoi être plâtrée la plupart du temps et de me laisser en fait très souvent seule. Mais l'idée qu'elle soit inscrite me suffisait. À force d'entendre que je n'avais rien à faire dans ce monde de garçons, je commençais à douter de moi et quand j'ai vu Fanny débarquer, je me suis dit que je n'étais pas un cas unique et déviant. Sa seule présence, même épisodique, me rassurait. D'autant plus qu'au sein des équipes adverses, il n'y avait jamais de fille. Et rapidement, comme un mauvais rituel, la même réflexion se faisait entendre avant chaque match : « C'est bon, ils ont des filles dans l'équipe. On va gagner sans problème. Les filles sont nulles au foot. » On sentait que chez nos adversaires, la présence d'une fille sur le terrain était choquante, en contradiction avec la normalité des choses, leur normalité. C'était des attaques personnelles, dirigées contre moi la plupart du temps, mais heureusement, je recevais le soutien collectif de mes coéquipiers. « Sonia, laisse-les dire. On sait de quoi tu es capable. On va leur montrer sur le terrain. » Ça me faisait du bien, ça me réconfortait. Quand j'entendais « elle ne vaut rien » alors que le match n'avait même pas encore débuté, je n'avais qu'une envie, leur montrer qu'ils se trompaient. Ça me galvanisait, alors que Fanny était profondément affectée par ces remarques.

Quand on se déplaçait pour jouer ailleurs qu'à Mer, on entendait systématiquement de la part des dirigeants adverses : « Vous allez faire comment pour vous changer, les filles ? On n'a rien de prévu pour vous, on n'a pas de vestiaires à vous proposer. » C'était une forme d'exclusion violente qui disait : « Il n'y a pas de place pour vous. Débrouillez-vous. Vous êtes un problème. Et si vous ne jouez pas, ce n'est pas grave pour nous. »

Je ne pense pas que ces personnes étaient conscientes du mal qu'elles causaient. Elles se conformaient juste à la culture, aux mœurs et aux mentalités. L'impact de ces actes sur une gamine, ça les dépassait. Fanny avait tendance à accuser le coup. Moi, je ne lâchais pas l'affaire : on allait nous trouver un endroit quoi qu'il advienne. Dans un premier temps, je laissais mes dirigeants négocier, mais si je voyais que ça n'aboutissait pas assez vite à mon goût, du haut de mes 8 ans, j'intervenais. La solution qui nous était souvent proposée était de laisser les garçons se préparer en premier et d'attendre qu'ils vident le vestiaire. Mais pour moi, il était hors de question de louper ne serait-ce que deux minutes d'échauffement sur le terrain. Si ça traînait, je demandais directement aux adultes s'il n'y avait pas une buvette ou un cagibi de disponible. Je me serais changée dans une voiture, ou même avec les garçons, s'il avait fallu. Je bougeais tout le monde, je refusais d'être pénalisée juste parce que j'étais une fille. Je voulais être à l'entraînement en même temps que les autres et au début de la rencontre à l'heure prévue. Pour la douche, en revanche pas le choix, on attendait que les garçons aient terminé et c'était toujours les garçons d'abord. Tous ces obstacles sur le parcours n'avaient qu'un but : le découragement. Entre ses multiples blessures et les remarques acerbes, Fanny n'a pas tenu bien longtemps. Elle venait juste pour jouer, elle n'avait pas demandé à se retrouver dans un milieu trop souvent hostile.

Moi, il m'en fallait plus pour abandonner. Plus je comprenais « t'as rien à faire là, dégage », plus je savais que j'allais rester. Rien ni personne ne pouvait m'empêcher d'assouvir ma passion. À l'époque, dans ma tête, il n'existait pas de notion féminine de ce sport. Le foot c'était le foot et mes références se trouvaient chez les hommes. Papa, Pedro et les matchs de l'Olympique de Marseille diffusés à la télé. Il n'y avait pas de femme médiatisée à prendre en exemple. Ma première idole fut Chris Waddle, un attaquant anglais de l'OM, au talent fou et à la personnalité singulière. Blagueur, un rien provocateur, solide face aux critiques et adepte de la coupe mulet. J'ai tout imité chez lui, même la chevelure qui, il faut bien l'avouer, ne fut pas un franc succès.

Au fil du temps, j'ai construit ma place. Parmi les éducateurs du club, Bernard Garnier et Dominique Clément se sont révélés être des soutiens précieux et bienveillants. Au sein de l'équipe, j'étais choyée en premier lieu parce que sur le terrain j'avais prouvé que j'étais crédible contre les garçons. J'ai vite compris que dans ce monde, si tu étais une fille, tu ne pouvais pas te permettre d'être nulle. Je ne faisais pas baisser le niveau général et n'en déplaise aux rageux, je ne faisais pas perdre mon équipe. J'étais donc acceptée. J'existais dans le jeu et dans la mentalité, je me montrais intraitable. Je n'abdiquais jamais ; les gens qui assistaient aux matchs se demandaient d'où me venait tant d'énergie. Je courais partout et sans relâche. Et puis, à force, mes coéquipiers sont devenus protecteurs et solidaires face aux remarques qu'ils entendaient. Les réflexions des « bas de plafonds » ont duré pendant les quatre années que j'ai passées à l'US Mer. Et si dans mon propre club, les comportements se sont normalisés, chez les autres rien n'a évolué. De toute façon, je restais une exception à la règle, une rareté. Dans la commune, nous étions 6 500 habitants. Il y avait 200 licenciés au club de foot et parmi eux une seule fille : Sonia Bompastor. Nous portions des maillots rouges, des chaussettes blanches mais je ne me souviens plus du tout de ma première paire de chaussures.

2

De Thoury à Tours

Le vendredi soir, je demandais invariablement à ma maman de me cuisiner des pâtes. C'était une manière de rentrer dans la compétition et de maîtriser au mieux l'excitation qui s'emparait de moi jusqu'au grand rendez-vous du samedi après-midi. Jour de match, jour de fête. Enfant, je préparais moi-même mes affaires et je gérais mon alimentation. Méthodique, minutieuse, organisée, je connaissais mon programme jusqu'à l'heure du départ de la maison. Le foot est un nid à habitudes, un refuge à superstitions. On répète les mêmes gestes, histoire de conjurer le mauvais sort. La première chose que je faisais en revenant du match, c'était de vider mon sac. Je mettais le linge à la machine et après, je m'occupais de mes principaux outils. Du papier journal roulé en boule, il n'y avait rien de mieux pour conserver la forme des chaussures quand je venais de les laver sous la douche afin de les débarrasser de la terre collante ramenée du stade. Une fois qu'elles étaient sèches, j'appliquais avec soin une bonne dose de cirage, puis je rangeais mes crampons et j'attendais le samedi suivant comme on espère Noël. Finalement, j'ai fait ça toute ma vie, même si, sur la toute fin de ma carrière professionnelle, un préposé lavait mon linge pour moi, mais je n'aimais pas trop ça. Je suis un peu maniaque sur les bords et dans mon éducation on s'occupe soi-même de ses affaires.

Ma routine, mes rituels, tout cela aurait pu s'arrêter du jour au lendemain. En effet, au foot, la mixité, n'était prévue par le règlement que jusqu'à l'âge de 14 ans. Au-delà, c'était chacun pour soi. Les garçons d'un côté, les filles de l'autre. Je venais d'avoir 12 ans et déjà le chant du cygne se faisait entendre à mes oreilles. J'étais la seule de mon patelin à jouer, autant dire que la fin de carrière se profilait, inéluctable et précoce. Comment trouver une équipe 100 % féminine autour de Mer ? Eh bien je ne l'ai pas fait, elle est venue me chercher. L'art et la manière d'être à la bonne place au bon moment.

Dans le village de Thoury, à 10 kilomètres à peine de chez moi, un homme s'était lancé dans un projet inédit : créer de toutes pièces une équipe de femmes, la première dans le coin. Thierry Touchet, la quarantaine, était un ancien joueur amateur. Un grave accident de la route l'avait laissé tétraplégique. Cela ne l'empêchait pas de passer ses week-ends au bord des terrains à regarder des matchs avec son idée en tête. Dans son entourage familial, des sœurs, des nièces, des cousines pratiquaient le football mais sans cadre officiel. C'était sa base. Il s'était dit qu'en recrutant d'autres filles laissées sur le côté par les clubs avoisinants, il avait de quoi monter sa « team ». Il n'hésitait pas à déposer des prospectus un peu partout. Il recrutait et connaissait la moindre joueuse du département. Un jour, il est venu à la maison expliquer son plan à mes parents. Il m'a demandé de prendre place avec eux à table. Cette attention m'a conquise : j'étais considérée. Il a raconté qu'il m'avait repérée et que vu mon niveau, il souhaitait que je vienne m'entraîner avec les autres. Ma mère et mon père ont immédiatement répondu oui avec joie à cette opportunité qui me sauvait d'une retraite footballistique anticipée. « Sonia est une fille, il est naturel qu'elle rejoigne une équipe de filles. »

Après quatre ans passés à construire ma place avec les garçons de mon âge, je changeais radicalement d'optique par la force des choses. Dans mon nouveau club, il n'y avait que des adultes, trentenaires pour la plupart. À 12 ans, je pouvais continuer le foot sereinement et je devenais, et de loin, la cadette d'un groupe hétéroclite et novateur. Très vite, je me suis imposée comme étant une bonne joueuse dans ce groupe et malgré mon très jeune âge, j'étais une titulaire indiscutable, une des trois meilleures de l'équipe. Je jouais à gauche, plutôt portée vers l'attaque et comme on dit dans le jargon, j'avais un gros volume de jeu. Je cavalais partout, encore et toujours. Quand j'y repense aujourd'hui, je me demande comment le règlement pouvait autoriser la présence d'une gamine au milieu de ces grandes personnes. Ce patchwork de footballeuses aux niveaux de jeu disparates était l'œuvre de Thierry Touchet qui avait ramassé des filles sur le bord du chemin. Thierry a joué le rôle de la voiture-balai. Au propre comme au figuré. Il possédait une grosse berline allemande, qu'il conduisait lui-même malgré son handicap. Je le revois encore grimper sans aide dans son véhicule. Pour les matchs et pour les entraînements qu'il animait, il effectuait une sorte de ramassage scolaire. Il venait chercher à domicile les joueuses de l'équipe qui étaient encore mineures. Il était ainsi assuré de nos présences assidues. Mon père travaillait en trois huit et maman n'avait pas le permis de conduire, alors j'étais une des quatre heureuses passagères de ces tournées en voiture. Thoury, la Chaussée-Saint-Victor, Blois et Mer. Une heure de route à l'aller, une autre au retour. J'adorais ces trajets. Dans le véhicule, on se racontait nos journées à l'aller et au retour on débriefait l'entraînement qu'on venait de vivre. Des moments uniques et rien qu'à nous. Thierry était tellement gentil, tellement dévoué, il faisait tout. Il était l'âme de ce groupe et je ne peux que lui dire merci. Je n'ai jamais fait attention à son handicap, il était autonome et dégageait une force de caractère peu commune. J'aimais tant discuter avec lui que parfois je demandais qu'on inverse le sens de la boucle du chemin retour pour être la dernière à être déposée. J'étais un peu la chouchoute, enfin je crois. Sacré Thierry, il avait façonné une sacrée équipe : la section féminine de l'Union sportive Thoury.

Thoury, c'était vraiment le petit bled de campagne avec 300 habitants, sa salle des fêtes et son stade de foot : un pré avec des trèfles et sans gazon. Un vague terrain et de vrais faux rebonds. Parfois, le traçage des lignes manquait un peu d'intensité, ça dépendait du zèle et de la disponibilité de la municipalité et ça laissait place à des contestations folkloriques. Nous jouions le dimanche matin à 11 heures, puis nous restions ensemble pour manger et l'après-midi on assistait aux matchs des garçons du club à 15 heures. Souvent mes parents venaient me rejoindre et me récupéraient au terme d'une journée entièrement consacrée à mon sport. Nous avons entamé l'aventure du foot féminin à la plus basse des divisions, puis comme l'équipe était bonne, nous avons gravi les échelons jusqu'en interrégionale, soit le quatrième niveau national de l'époque : un exploit pour une petite bourgade. Plus on grimpait dans la hiérarchie, plus les déplacements étaient lointains. Notre record fut Le Rheu, en Bretagne, à 330 kilomètres. Ça marchait bien pour l'équipe. Ça marchait bien pour moi. Sur le terrain, mon niveau de jeu a décollé. La presse locale a commencé à s'intéresser à moi. J'étais la mascotte du club et j'étais considérée comme étant la meilleure joueuse de l'équipe.

À 15 ans, j'ai commencé à être régulièrement sélectionnée par la Ligue Centre-Val de Loire pour participer à des stages avec les meilleures de la région. Et dans la foulée, le TEC, le Tours Étudiant Club, m'a remarquée. Le club évoluait en nationale, la deuxième division de l'époque. C'était du sérieux. Il me voulait et faisait le forcing auprès de mes parents qui ont répondu que c'était hors de question. Rejoindre Tours, cela signifiait changer de vie, quitter Mer et la maison. Ils argumentaient ainsi : « Sonia est trop jeune pour partir. À Thoury, elle s'épanouit dans un environnement favorable. Elle est couvée. Elle reste ici, merci. » Thierry voulait me garder coûte que coûte et il trouvait chez mes parents des alliés de poids qu'il savait bien influencer. Moi, j'avais clairement les boules. Je voulais jouer avec les meilleures et entre Tours et Thoury, il n'y avait pas photo. Dans notre club de campagne, nous n'avions qu'une séance d'entraînement par semaine, exceptionnellement deux. Parfois, on se retrouvait à dix, parfois à trois. Pour progresser, j'ai surtout compté sur mon opiniâtreté. J'étais une acharnée de boulot. Aussitôt arrivée à l'entraînement, plutôt que de fumer une clope et de discuter comme certaines de mes coéquipières plus âgées, je prenais un ballon et j'allais faire des jongles toute seule. Je travaillais mes frappes dans le but vide et si je trouvais une planche, je répétais les passes en une-deux. Le dimanche, le match m'apportait l'opposition, l'adversité indispensable à toute progression. Je suis restée une saison de plus à Thoury, à contrecœur. Je me suis même retrouvée en équipe de France des moins de 16 ans en jouant dans un club de village en traînant des pieds et puis Tours est revenu à la charge l'année suivante. Papa et maman, influencés par Thierry, m'ont ressorti la même chanson et les mêmes violons sur ma jeunesse et sur le lien affectif local. J'ai dit stop : « Vous allez arrêter de faire les choix pour moi. J'ai décidé de décider. Quoi qu'il arrive, j'irai à Tours ou alors j'arrête de jouer à Thoury. » Ça ressemblait à un ultimatum et c'en était un. Pour Thierry, la pilule fut difficile à avaler mais encore une fois ma volonté était sans faille. Après Thoury, mon parcours de footballeuse prenait la direction de Tours, à une heure de la maison.

À la rentrée de l'année scolaire 1997, j'ai découvert le lycée Grandmont, la section sportive et la vie en internat. Je ne savais pas encore que je ne vivrais plus jamais chez mes parents. C'était également la découverte du double projet. Le lycée et le football. Je bénéficiais d'un emploi du temps aménagé. Je débutais ma journée à 8 heures et elle s'achevait à 15 h 30. Avec les autres filles de la section sportive, on prenait alors une navette et, dix minutes plus tard, on était sur le terrain. On retrouvait le reste de l'équipe, des adultes qui avaient toutes un métier. Je suis passée d'un à quatre entraînements par semaine avec en prime une séance mixte en compagnie des joueurs de l'équipe des moins de 17 ans nationaux. Tel un retour aux sources, je m'entraînais de temps en temps avec des garçons comme à mes débuts et ça me motivait. J'ai progressé à pas de géante. Presque tous les soirs, nous avions des entraînements au stade de la Vallée du Cher sur des terrains de qualité. Nous étions au minimum quinze à chaque séance. Il y avait du matériel, des entraîneurs diplômés. Il régnait un niveau d'exigence que je découvrais avec bonheur. En championnat, nous étions proches de l'élite, terminé le foot de village. On se déplaçait à Angers, La Rochelle, Le Mans. On rentrait parfois dans la nuit. J'avais ma place et j'étais à ma place. Pour la première fois depuis mes débuts, j'avais l'impression de franchir un palier et que je changeais de monde. Je n'étais plus la petite Sonia de l'US Mer qui se sentait tellement isolée. Je n'étais pas seule, il y avait plein d'autres filles comme moi. J'ai rapidement eu des affinités avec certaines, notamment avec celles du lycée dont les parents vivaient à plus d'une heure de Tours et qui logeaient comme moi à l'internat. Le vendredi soir, je rentrais à Mer en train et je revenais à Tours le dimanche matin pour le match. Parfois, nous jouions le samedi et comme l'internat était fermé pour le week-end, il nous fallait trouver une famille d'accueil le vendredi soir. Michèle Hubé, dirigeante du club, nous hébergeait chez elle régulièrement. Sonia Bompastor, Karine Meusnier et Élodie Prat. La petite bande de trois, unies par une communauté de destin. Un cocon, une seconde famille.

Avec les filles, le mercredi après-midi, on allait parfois dans la rue commerçante de Tours. On s'achetait quelques sapes dans les magasins un peu branchés, on s'offrait des bonbons et parfois on se faisait un ciné. Pas plus. Toutes mes décisions tournaient autour du foot. Les sorties en boîte le week-end pour décompresser d'une semaine d'école, ce n'était pas mon schéma. Les journées répétitives pouvaient parfois sembler monotones pour les autres, mais pas pour moi : elles me rassuraient, elles me confortaient.

De Thoury à Tours, la marche aurait pu être trop haute. De la vie de famille à l'internat, le quotidien aurait pu m'écraser. Il n'en fut rien. J'étais prête, sereine et je vivais à 17 ans ce que j'avais tant désiré. J'ai adoré ces années. J'avais fait le choix de partir de chez moi. Si on comptait le match du week-end, j'avais en tout cinq rendez-vous par semaine avec le ballon. Il m'arrivait parfois de manquer l'anniversaire d'un membre de ma famille parce qu'il tombait un jour de match. Le football prenait une telle place dans ma vie ; je m'y investissais tellement que, presque malgré moi, je commençais à me projeter. Qu'elle allait être la suite ? Footballeuse professionnelle ? Ça n'existait pas, ce n'était même pas prévu par les statuts des instances françaises. Le foot pour une fille ne pouvait être qu'une belle passion, nous le savions toutes. Paradoxalement, si mon sport occupait tout mon temps et toute ma tête, ce n'était pas pour en faire un métier. Je souhaitais donc réussir mes études et je me voyais bien en institutrice ou en professeure d'éducation physique. Pourtant au fond de moi, confusément, je me disais que je ne faisais pas tous ces efforts pour terminer dans un petit club, comme une joueuse amateur éclairée. Quelle serait la prochaine marche ? J'étais incapable d'envisager mon futur. Un champion du monde de football allait m'aider à le dessiner.

3

Clairefontaine, jamais je ne t'oublierai

Et un, et deux, et trois-zéro. Le 12 juillet 1998, comme tant d'autres, j'ai repris cette petite ritournelle qui est devenue comme un signe de ralliement national. La France était sacrée championne du monde de football pour la première fois et cinq jours après ce succès planétaire, Aimé Jacquet, le sélectionneur des Bleus, quittait la tête de l'équipe et endossait le costume de directeur technique national. Sous son impulsion, le premier septembre de la même année, le foot français féminin vivait une révolution. Le centre de formation et d'entraînement de Clairefontaine ouvrait ses portes à des joueuses âgées de 15 à 21 ans. Le but était de réunir les meilleurs talents du pays afin de bâtir une équipe de France capable de ramener des titres. Pendant plusieurs années, la crème de la crème devait vivre ensemble, s'entraîner ensemble, progresser ensemble afin de gagner ensemble. Aimé Jacquet voulait sans doute muscler le jeu du foot féminin. Le projet qui était dans les tuyaux de la Fédération depuis quelque temps voyait enfin le jour. Le lieu de résidence des Bleus durant la Coupe du monde 1998 allait accueillir vingt-huit heureuses élues. J'étais dans la liste, merci « Mémé ». Je comptais déjà quelques matchs avec la sélection nationale des moins de 18 ans, j'étais suivie par la Fédération et un beau jour, j'ai reçu un courrier qui m'annonçait que j'étais retenue sans même avoir postulé à quoi que ce soit. Je n'ai pas sauté de joie comme une hystérique. Je me suis simplement dit : « Cool, encore une nouvelle étape sur le parcours. Je vais, une fois de plus, découvrir quelque chose. » Après la section sportive de Tours, Clairefontaine me semblait juste être un autre sport études, juste plus important. C'était à mes yeux une continuité, un cursus tout ce qu'il y avait de plus normal. Je ne me suis pas rendu compte tout de suite de l'importance de l'événement. Je participais en fait à une grande première et cette intégration me faisait encore changer de dimension.

Le domaine de Clairefontaine m'a paru immense, avec ses 62 hectares, ses onze terrains, dont un couvert, son gymnase, sa piste d'athlétisme, sa salle de musculation, son centre médical et ses salles de massage. Nous logions dans un bâtiment qui nous était réservé à raison de deux locataires par chambre. Et dire que quatorze mois auparavant, je jouais encore à Thoury. Rapidement, la Fédération nous a rappelé que si nous étions là, ce n'était pas pour nos beaux yeux. Elle avait décidé de parier sur nous : il lui faudrait un jour un retour sur investissement. Nous coûtions chacune 80 000 francs par an, soit 18 000 euros. À l'époque, il n'y avait que 28 000 licenciées contre 2 millions chez les garçons. Nous étions la pierre sur laquelle devait se bâtir le futur du foot féminin qui manquait cruellement de visages connus et reconnus.

Tous les jours, je côtoyais sur les terrains les meilleures jeunes joueuses du pays ; certaines étaient déjà titulaires en équipe de France A, celle des grandes. Je prenais place dans le bon wagon. La qualité des séances était sans commune mesure avec tout ce que j'avais connu. La perfection. Les pelouses, le matériel, les éducateurs, tout était professionnel même si nous étions condamnées à l'amateurisme par notre statut. Les exercices étaient minutieusement préparés et s'enchaînaient sans temps mort. Le moindre détail était pris en compte. Nous avions chacune notre ballon, il était à nous, sous notre responsabilité et à proximité de l'aire de jeu, un gonfleur avec manomètre nous permettait de vérifier et de garder la pression réglementaire. Tout était millimétré et le foot conditionnait nos existences. Du lundi au vendredi, c'était un entraînement par jour. Le vendredi à 16 h 30, on stoppait tout. Nous avions un quart d'heure pour prendre nos douches, puis un bus nous conduisait à la gare. De là, on rentrait chez nous puis on retrouvait nos clubs respectifs pour notre match de championnat du week-end. Et à peine la rencontre terminée, c'était à nouveau le train, le bus et retour à Clairefontaine. J'étais aux anges, le foot rythmait ma journée, mes week-ends, ma semaine. Il dictait ma vie, j'y étais enfin. Parfois, je faisais face à des critiques : « Mais Sonia, tu es enfermée au château de Clairefontaine. Ton quotidien c'est foot-école-foot. Tu ne rencontres personne d'autre que des footeuses. » En fait, il ne pouvait rien m'arriver de mieux. J'avais ma dose de foot tous les jours, mes deux heures de bonheur quotidien.

Côté scolarité, j'ai intégré le lycée Louis-Bascan de Rambouillet situé à 10 kilomètres du CNFE, le Centre national de formation et d'entraînement. Pour nous y rendre, nous partagions le bus tous les matins avec les garçons de l'INF, l'Institut national du football. Ils étaient nos voisins sur le domaine, ils étaient « nous » en version masculine. Mais les premières promotions de jeunes footballeurs étaient arrivées à Clairefontaine bien avant les filles, dix ans plus tôt. Dans le car scolaire, il y avait parfois des petites guerres de territoire pour savoir qui s'asseyait à l'avant ou à l'arrière du véhicule. Mais de toute façon, désormais, nous étions à bord.

Quelques mois après notre première rentrée, les joueurs de l'équipe de France sont venus en stage à Clairefontaine. Nous avions la possibilité de les approcher : c'était un privilège de pensionnaires des lieux. Derrière les barrières de sécurité, on regardait passer les héros de 1998 qui, quelques mois auparavant, avaient décroché la lune et accroché une étoile de champion du monde au maillot de l'équipe nationale. On les interpellait comme les fans que nous étions. On quémandait une photo qu'on faisait prendre par un autre en prêtant notre appareil argentique. À l'époque, pas de selfie, pas de téléphone tendu à bout de bras avec un résultat immédiat, mais le suspense insoutenable d'une pellicule à faire développer plus tard sans garantie de netteté du cliché. J'étais comme une dingue et j'ai posé avidement avec Zidane, Lizarazu, Barthès, Blanc, Deschamps. En fait, j'ai pris une photo avec chacun des membres de l'équipe. Puis nous avons eu le droit d'assister à une de leurs séances d'entraînement assises sur une butte qui surplombait leur terrain. C'était le Graal. Ce qui semblait impossible se déroulait devant moi, moi la petite Sonia du club de Mer. Bien entendu j'ai raconté cette histoire à mes proches de retour à la maison pour une de mes permissions sportives. Il n'y eut pas trop de commentaires. Ma famille ne s'étalait jamais en ma présence sur mon parcours que les autres vantaient. La pudeur chez les Bompastor était comme un legs tacite. On se refilait le mutisme de nos émotions de manière héréditaire et sans mode d'emploi. Pas besoin d'expliquer, on savait tous faire naturellement. On se taisait et il fallait interpréter les silences. Celui-ci disait : « Nous sommes fiers de toi, Clairefontaine, c'est l'équipe de France et l'équipe de France, il n'y a pas mieux. »

Quand je retrouvais mon club de Tours pour ma rencontre du dimanche, j'étais la star dans les yeux de mes coéquipières. J'entendais le jugement des autres qui répétait que dans l'équipe j'étais devenue « la joueuse ». Je sentais que j'avais une réelle influence sur les résultats de Tours. Je multipliais les buts et les passes décisives. Sur tous les aspects de la performance, j'étais nettement au-dessus. Technique, physique, tactique : je dominais et pour moi c'était logique, vu le temps que je consacrais au foot. Je ne faisais que récolter les fruits semés à Clairefontaine. Pas plus. Plus je bénéficiais de cette structure exceptionnelle, plus l'écart se creusait et ce n'était pas fini.

En janvier de l'année 2000, au début d'un de nos entraînements, Christian Coste, le coach du CNFE, a pris la parole comme il le faisait toujours, mais au lieu d'annoncer le programme de la séance, il a dit : « Tout d'abord, félicitations à Sonia pour sa première sélection chez les A. Elle est retenue pour affronter l'Écosse en match amical le 1er février prochain. » J'apprenais ainsi que j'entrais dans la grande équipe de France. Je ne savais pas que j'allais y rester douze ans et que j'allais y jouer plus de cent cinquante matchs. J'étais heureuse. Simplement heureuse. À 19 ans, ça me faisait une marche de plus dans mon escalier. Avant cette rencontre internationale, nous

nous sommes toutes retrouvées en préparation pour une semaine. Je me souviens très bien de ce stage et particulièrement de ma première « dotation », c'était le terme pour désigner le matériel qu'on nous remettait. J'étais émerveillée comme une gosse à Noël. J'ai reçu mon sac, je l'ai ouvert, j'y ai trouvé les tenues et je les ai toutes enfilées. J'avais enfin mon équipement estampillé équipe de France, identique à celui des garçons. Il y avait même des vêtements pour les sorties, une veste, un polo, un pantalon. On nous proposait des baskets et des crampons mais déjà, mon petit « trente-sept fillette » me jouait des tours et me condamnait à des chaussures trop grandes pour les vissés. Pour ce qui était de la tenue d'entraînement, elle était obligatoire à chaque séance. Seulement, on ne nous en fournissait qu'une seule pour la semaine. Donc chaque soir, avec méthode, je faisais sécher mes affaires dans ma chambre.

Avec le recul, aujourd'hui, je me dis que c'était bien sale tout cela. Quand j'y repense, on gardait les mêmes chaussettes, même en cas de pluie. On faisait avec, une nouvelle fois. On n'avait pas d'autre choix et on n'avait aucun point de comparaison. Sur le coup, à mes yeux, cette tenue était précieuse et n'en avoir qu'une ne me paraissait même pas bizarre. Je ne me posais pas la question de savoir ce qui se passait chez les hommes en équipe A. À la fin du stage, j'ai découvert sans m'en offusquer que nous devions restituer presque toute la dotation, ce n'était qu'un prêt d'une semaine. On conservait le sac et les chaussures. Le reste, on le rendait. Ça n'avait pas d'importance à mes yeux, ce qui m'importait le plus était d'être là pour cette première et de trouver ma place dans le groupe. C'était comme un second challenge. Il me fallait exister au milieu de dix-huit femmes.

À cette époque, pour moi, une joueuse de plus de 25 ans était une ancienne et les anciennes de l'équipe de France me faisaient peur. Gaëlle Blouin, Anne Zenoni, Sandrine Soubeyrand, Françoise Jézéquel, Aline Riera, Corinne Diacre. J'avais 19 ans et elles, six à dix ans de plus que moi et tellement de sélections au compteur. Elles avaient du charisme et moi j'étais toute petite à côté. J'entrais dans la cour des grandes. Pour moi, Coco Diacre était la seule joueuse qu'on voyait parfois à *Télé Foot*. Il y avait de quoi être impressionnée. De plus, l'ouverture du centre de Clairefontaine avait eu un écho dans le petit monde du foot féminin. Nos arrivées, au compte-gouttes en sélection, n'étaient pas vues d'un très bon œil par nos aînées. Les jeunes bénéficiaient de ce que les anciennes n'avaient jamais eu. Il y avait ainsi deux générations bien différentes en équipe de France et donc des zones de conflits possibles. Parfois, à l'entraînement les plus expérimentées reprochaient aux plus jeunes un excès d'engagement. « Ça ne va pas de tacler comme ça ! On n'est pas en match, t'es pas obligée de mettre le pied. » Ça ne leur faisait pas plaisir, mais moi je ne savais pas faire autrement que d'y aller à fond en toutes circonstances. À Clairefontaine, on exigeait de nous de jouer comme on s'entraînait. Et on s'entraînait à haute intensité. Nous nous comportions comme des pros et ça ne plaisait pas forcément chez les Bleues. Il y avait donc les gamines et les taulières. Il n'y a pas eu de colliers de fleurs pour marquer la bienvenue. Pendant le stage, je me souviens d'une fois où j'allais me servir des concombres au buffet du repas. Gaëlle Blouin est arrivée dans mon dos. « Tu ne sais pas que les concombres, ça se digère mal ? Tu vas démarrer titulaire et tu ne trouves rien de mieux que de prendre des concombres ? On vous apprend quoi, les jeunes ? » Très respectueuse, très tremblante aussi, j'ai reposé l'assiette alors que des concombres, j'en mangeais tout le temps. J'ai cédé face à ce coup de pression gratuit. Chez certaines, il y avait même parfois une forme de jalousie.

Deux époques, deux manières d'apprendre le haut niveau se rencontraient, se confrontaient. J'ai souvent entendu : « Vous, à Clairefontaine, vous ne faites que du foot toute la journée. Votre cerveau ne va pas être très développé. » Elles auraient pu être heureuses pour nous. On nous avait déroulé le tapis rouge à Clairefontaine et c'était une avancée pour tout le foot féminin. Finalement, nous avions obtenu sans bataille des avantages dont elles rêvaient peut-être dans leur génération. Au lieu de s'en féliciter, certaines nous dénigraient. C'est étrange cette réaction qu'on retrouve dans bien des domaines, à bien des époques. Pour ma part, j'avais beaucoup de respect pour les plus expérimentées. Nous avions des divergences sur l'approche du football, alors je me taisais mais je continuais d'œuvrer à ma manière. Il n'y avait pas de retour en arrière possible et je le savais.

1er février 2000, première sélection. Nous avons disputé le match à Auch, dans le Gers, au stade Patrice-Brocas devant 2 000 spectateurs. Je portais le numéro 3, j'étais la benjamine de l'équipe et j'ai joué les quarante-six premières minutes de la rencontre. Ma jeunesse, ma fougue ont fait que je ne me suis pas posé trop de questions. À aucun moment, je n'ai été inhibée par le maillot et ma performance n'a pas souffert du trac. Ce jour-là, nous avons perdu deux buts à un, face à l'Écosse, mais ce match ouvrait un grand chapitre de ma vie. J'ai été rappelée pour la rencontre suivante, puis aussi pour celle d'après et ainsi de suite. Mon bail en bleu avait débuté. Dans la presse, on parlait désormais de moi en précisant que j'étais une joueuse de l'équipe de France. Je n'étais plus Sonia Bompastor, je devenais l'internationale Sonia Bompastor. Comme si on agrafait à mon patronyme un grade, un quartier de noblesse.

Qui dit nouveau rang, dit nouvelles obligations. Dans la promotion, nous n'étions que deux joueuses à jouer en deuxième division, Jennifer Vaucelle à

Poitiers et moi à Tours. Les équipes des autres évoluaient toutes au-dessus. Les dirigeants de la Fédération et les formateurs de Clairefontaine nous ont fait comprendre que cette situation ne pouvait plus durer et qu'il nous fallait rapidement trouver un club de l'élite. Des internationales en deuxième division, ça faisait désordre.

Après quelques palabres et prises de renseignements, mon choix s'est porté sur l'Étoile sportive ornaysienne Vendée football La Roche-sur-Yon. Un nom à rallonge pour un club que j'ai toujours appelé La Roche et qui faisait partie du top quatre national. De plus, l'aspect humain et simple de leur projet m'allait parfaitement, j'ai dit oui sans faire traîner ma réflexion. À cette époque, je ne demandais plus l'approbation de quiconque, j'avais encore gagné en autonomie. Je me gérais toute seule. À La Roche, j'ai découvert la première division et les douze clubs qui la composaient. Le jeu y était de plus grande qualité, et plus rapide qu'à Tours. Il fallait se montrer performante chaque semaine au plus haut niveau. Je devais m'adapter à ce défi de la constance. J'aimais ce genre de situation où rien n'était acquis de prime abord. J'étais surtout une grosse bosseuse, alors j'ai bossé. Il y avait dans l'équipe des joueuses comme Angélique Roujas, Delphine Guédon, Malika Bousseau, Corinne Lagache toutes plus âgées, toutes plus expérimentées, toutes en équipe de France depuis plus longtemps que moi. J'étais vu comme une jeune joueuse de 20 ans en devenir, mais j'étais titulaire d'entrée de jeu. Nous étions trois de Clairefontaine à porter le maillot de La Roche, Hoda Lattaf, Lydie Devaud, ma colocataire de chambrée et moi. Ça m'a aidée à ne pas être seule car je ne rencontrais mes coéquipières qu'une seule fois par semaine, le jour de la rencontre. À La Roche, comme depuis mon plus jeune âge, la victoire, c'était pour la gloire et les primes de matchs pointaient aux abonnés absents. Malgré la première division, je continuais à m'acquitter de ma licence, comme à l'US Mer, comme à l'US Thoury, comme à Tours et pour moi c'était normal. On s'inscrivait à un sport, on payait sa licence et ça permettait au club de vivre.

C'est ainsi qu'en ces temps pas si éloignés, tournait la planète foot pour les filles. Un monde comme un drôle de ballon avec des rebonds inattendus. L'un d'entre eux m'a un jour menée au CNFE. Dans ce lieu qu'on surnomme le temple du football français, j'ai vécu ma mue de footballeuse et de femme. J'y ai connu des sommets de bonheur et j'y ai été engloutie un jour par la plus profonde des peines. Une larme de fond. Clairefontaine, non jamais je ne t'oublierai.

4

Maman est morte, foot je te hais

22 janvier 2003, 8 h 30. Comme chaque matin, je sortais tranquillement de ma chambre et j'empruntais la grande descente qui menait à l'accueil de Clairefontaine. Je marchais, sereine, quand j'ai reçu le coup de fil. Sur l'écran du téléphone, le prénom de mon grand frère : mauvais signe. J'ai décroché la boule au ventre. Pedro était en larmes, il ne parvenait pas à parler mais, entre deux sanglots, il a finalement réussi à prendre son élan. Les mots ont jailli, violents. « C'est maman, elle est décédée à la maison, il faut que tu rentres. » J'ai juste répondu « OK », comme un robot, puis j'ai raccroché. Je ne comprenais pas ce qui venait d'arriver. Ma mère avait 49 ans, elle ne souffrait d'aucune pathologie. Une crise cardiaque et une vie s'était arrêtée en un claquement de doigts sans plus de justification qu'elle n'en avait de débuter. C'était la vie de ma mère. Le temps s'est figé ; je n'existais plus. J'ai marché tel un fantôme jusqu'à la réception. L'hôtesse de Clairefontaine m'a vue en pleurs et en

détresse. J'ai bredouillé un : « C'est ma mère » et elle avait compris. Elle a fait venir le directeur du centre qui m'a indiqué qu'on allait s'occuper de moi et que quelqu'un me conduirait auprès de maman. Une heure trente de route, une heure trente de souffrance et de questionnements.

Qu'est-ce que je foutais à Clairefontaine ? Pourquoi je n'étais pas auprès d'elle ? Pourquoi je n'ai pas pu lui dire au revoir ? Ma mère était venue seule du Portugal à l'âge de 22 ans, après son mariage, sans sa famille mais avec l'amour de mon père. Elle avait cessé de travailler à l'usine après la naissance de mon petit frère Helder. Elle se consacrait pleinement à nous, elle nous élevait de la meilleure des manières même si, après nos départs, les journées devaient lui paraître bien longues. Je n'ai jamais évoqué tout cela avec elle. Son déracinement, sa vie de femme au foyer, ses solitudes. Qu'a-t-elle ressenti quand ses bébés ont déserté le nid familial pour le foot ? Il était trop tard pour toutes ces questions qui allaient demeurer sans réponse. La veille, nous avions échangé au téléphone. Elle s'était un peu livrée, enfin beaucoup plus qu'à l'accoutumée. Elle m'avait dit des choses inhabituelles, sur mes frères, sur moi. Elle n'a pas hésité à se montrer aimante. Elle ébréchait ses barrières de retenue, alors bien entendu ce n'étaient pas des effusions folles, du sirop de sentiment qui se répand partout et vous colle au sol mais c'était presque un aveu. C'était « du maman » tout craché. Il fallait lire entre les lignes mais, pour une fois, c'était écrit clairement. Il fallait déchiffrer qu'elle nous aimait plus que tout. Je la sentais nostalgique de l'époque où ses trois petits vivaient sous le même toi, à portée de son regard et de ses attentions. Pedro est parti tôt de la maison, à 11 ans pour un sport études, puis quand il est revenu lassé du monde du foot, il s'est vite installé avec sa future épouse. Moi, dès mes 17 ans, je sillonnais la France pour mes matchs, j'étais comme une visiteuse du week-end, qui parfois passait en coup de vent puis qui espaçait de plus en plus ses venues. Il ne restait qu'Helder à la maison et lui aussi prenait son envol. Nous lui manquions et pour une fois, elle le disait : « J'aimerais tant vous voir plus souvent, Sonia, et passer plus de temps avec vous. » Sur le coup, je n'ai pas prêté trop attention à ces plaintes qui étaient de la douleur. Du temps, nous étions supposés en disposer à l'envi. On se reverrait et ça irait mieux pour maman. Je me suis cruellement trompée.

Quand je suis arrivée à la maison, j'ai vu mon père et sa tristesse infinie. J'ai retrouvé mes frères accablés de douleur. Maudite pudeur familiale ; les prendre dans mes bras et partager ensemble nos pleurs fut un moment difficile, car on ne savait pas faire. Puis nous nous sommes rendus au funérarium. J'ai découvert le corps sans vie de maman. Comme le dit la chanson de Dutronc, de battre son cœur s'était arrêté et je me retrouvais là, impuissante. Alors ce temps de recueillement passé auprès d'elle, je l'ai prolongé le plus que j'ai pu. Ça m'apaisait, ça me faisait du bien. Je voulais que son corps reste là le plus longtemps possible. Si on m'avait laissé le choix et même si ça peut paraître tordu, j'aurais souhaité garder le corps chez moi. Ma vie avec elle défilait devant mes yeux mi-clos. Je revoyais une scène précise. Le dimanche soir alors que je reprenais la direction de l'internat de Tours, ma mère m'accompagnait sur le quai de la gare. Je montais dans le train, je prenais place dans le compartiment et de l'autre côté de la vitre du wagon, maman se tenait face à moi. Elle me faisait des signes de la main nourris et répétés pour me dire au revoir. Je répondais discrètement mais au milieu des autres voyageurs, la gêne montait en moi. La gêne se transformait bien vite en malaise quand le train commençait à rouler et qu'elle se mettait à courir pour le suivre et pour me garder dans son champ de vision le plus longtemps possible. En moi, je me disais : « Mais tu me fous la honte, les gens vont se dire : ça va ! Elle s'en va mais elle va revenir la fifille à sa maman. »

Aujourd'hui que je suis devenue moi-même une maman, je suis certaine que je ferais pire encore que la mienne. Je monterais carrément dans le train, et j'y resterais jusqu'à la limite du hors-jeu, jusqu'à la dernière seconde, jusqu'au carton rouge du contrôleur. Mais j'étais une adolescente qui ne comprenait pas que cette mère voulait boire son bonheur jusqu'à la dernière goutte. J'avais du mal avec les sentiments et pour moi ce n'était pas si simple de recevoir de l'affection. Dans certaines familles de mes copines, je constatais qu'on se faisait des bisous et des câlins au saut du lit, du début de la journée jusqu'à sa fin, pas chez nous.

Quand je ne revenais pas à la maison pour une longue période, il y avait à peine une embrassade, et très retenue. Si la pudeur était un sport olympique, les Bompastor auraient décroché plusieurs fois la médaille d'or. Je parle d'une pudeur et d'une distance réservées à la famille. Quand je rentrais le week-end et que je rencontrais des voisins dans le quartier, ils me disaient : « On a croisé tes parents l'autre jour, ils nous ont raconté ton parcours, ton ascension, ils sont tellement fiers. » Une fois à la maison, comme une furie, je ne ménageais ni mon père ni ma mère : « Fermez vos bouches et ne parlez plus de moi. Vous savez bien que je déteste ça. » À moi, directement, ils ne disaient jamais rien de leur contentement mais le voisinage était copieusement arrosé de récits dithyrambiques. Après ma première sélection, je les avais prévenus au téléphone : « Vous venez me chercher, d'accord, mais vous ne dites rien, vous ne posez aucune question au sélectionneur qui sera là. Vous dites bonjour et on repart. » J'avais juste peur qu'ils expriment un peu leur fierté devant moi et je me comportais comme un mauvais gendarme. C'était d'une bêtise sans nom mais une fois la barrière entre nous installée, il était difficile de la briser. Du coup, je n'ai jamais entendu de ma vie ma mère dire qu'elle était fière de moi.

Quand ils ont refermé le cercueil, j'ai compris que plus jamais je ne reverrai son visage. Je perdais maman une nouvelle fois, comme lors de la mise en bière ou lors des condoléances. Je ne cessais de la perdre. C'est tellement bête de ne pas avoir eu le courage de lui dire que je l'aimais quand elle était là. C'est tellement dommage qu'elle n'ait pas su me le dire elle non plus. Si nous avions osé les mots, le fardeau serait moins lourd. Son amour à elle ? Elle le taisait mais elle me le démontrait tout le temps. Il était présent dans chacun de ses actes. Quand elle voulait me détourner du foot, c'était de l'amour ; quand elle me préparait mes pâtes du vendredi, c'était de l'amour ; les nombreuses lessives pour mes maillots souillés, de l'amour en barre. Quand j'ai compris sa mort, je me suis dit que j'aurais dû faire plus d'efforts. J'aurais pu rentrer à la maison plus souvent, j'aurais dû moins écouter mes excuses toutes faites, ma fatigue, mon calendrier surchargé, ma quête insatiable de performance. Dans ma tête, les « j'aurais dû » se succédaient, lourds et inutiles. À ce moment de mon existence, je me disais que le football m'avait pris une partie de ma vie avec ma mère. Elle a vécu si peu de temps. J'ai regretté d'avoir choisi le foot et d'avoir quitté la maison si jeune. J'aurais pu opter pour une pratique moins exigeante, ne pas me soucier du haut niveau et rester proche de la maison. J'aurais vu maman tous les jours, j'aurais peut-être remarqué un signe avant-coureur et j'aurais peut-être changé le cours des événements. Oui, durant un temps, j'ai haï le football. Mais au bout d'un moment, le foot a cessé d'être mon problème, il est devenu ma solution. C'était comme un défouloir, et le stade s'imposait comme le refuge où je ne pensais plus au décès de maman. Le seul espace de liberté dans ma vie. Personne ne se rendait compte de mon mal-être, parce qu'en tant que footballeuse je restais une lionne sauvage et combative.

Cette mort brutale m'a hantée pendant plus de dix ans, c'était obsessionnel. À chaque fois que j'étais loin d'un terrain, je me repassais le film de cette journée en permanence. Ce sont des moments gravés dans mon esprit, que je ressens encore sensibles et vivaces. Une douleur persistante et forte que je n'ai pratiquement jamais extériorisée. Une partie de moi s'est brisée ce jour-là : je venais d'elle et désormais j'allais sans elle. Je me disais que je n'avais même pas été là lors de son dernier souffle. La culpabilité était devenue ma croix ; je l'ai portée très longtemps seule. Je n'ai pas échangé avec mon père ni avec mes frères. Je voulais me montrer forte alors que j'étais au fond du trou et que ça m'affectait horriblement. Je n'acceptais pas ce départ et je refusais d'avouer ma légitime faiblesse. J'étais en dépression sans me l'avouer et je me condamnais à ne jamais évoquer le sujet. L'unique personne avec qui je suis arrivée à partager ma peine fut Camille Abily, pensionnaire de Clairefontaine comme moi et ma coéquipière à La Roche-sur-Yon. J'avais trouvé en Camille la personne rare qui me permettait d'exprimer mon mal. Elle était témoin de ma détresse et nos liens se sont naturellement resserrés.

La mort de ma maman m'a bouleversée, elle est arrivée sans que je m'y sois préparée. Elle m'a laissé un cruel goût d'inachevé. Je pouvais faire tellement mieux. Ce drame m'a modifiée. Désormais, dans quelque domaine que ce soit, je ne veux plus avoir de regrets. C'est le pire des sentiments. La déception, la frustration, d'accord, mais pas le regret. Je me suis promis de toujours donner le meilleur de moi-même et de laisser la meilleure image de moi possible. Quand j'ai un objectif en tête, je m'y consacre pleinement et je ne délaisse personne. Je croque la vie à pleines dents, j'ai choisi d'être très optimiste et en cas de coup dur, je me relève. De ce décès soudain, il me reste cette volonté farouche, presque absolue, d'être heureuse. Je ne veux plus me dire « si j'avais su ». Je ne remets pas à plus tard ce qui peut m'apporter du bonheur aujourd'hui. Je ne me projette jamais trop loin et j'ai développé l'instinct animal de décider vite.

Aujourd'hui encore, quand je revois mon père, je n'aborde toujours pas le sujet. Je m'assois à côté de lui, sa simple présence me suffit et c'est comme si maman nous regardait un sourire tendre aux lèvres. La pudeur reste ma nature et il est toujours difficile pour moi d'accepter d'être aimée, même si je fais des progrès dans l'exercice. Avec mes enfants, j'essaie de construire une relation plus naturelle, sans frein, moins contrainte par l'éducation ou par les convenances. Je les prends dans mes bras dès le matin, je leur dis que je les aime et ils me le disent aussi. « On t'aime Mama. »

5

Loulou Nicollin : « J'aime mes filles »

À l'école, j'étais comme au foot. Disciplinée, ordonnée, travailleuse, le genre à tenir ses cahiers avec une présentation impeccable. Au lycée Louis-Bascan de Rambouillet, j'ai obtenu un bac STT puis j'ai passé une année peu fructueuse à la fac de sport en STAPS avant de me réorienter vers un BTS action commerciale que j'ai décroché sans trop de difficultés. Dans le monde du football joué par les femmes, on vous parlait très tôt de la nécessité absolue de mener de front deux projets : un sportif et un autre pour manger. Le fameux « double projet » qui vous rappelait surtout que le foot comme métier, ce n'était pas pour les femmes et que les études restaient primordiales.

À Clairefontaine, on le savait toutes. Même si nous faisions partie d'un plan censé porter notre sport vers les sommets, on nous promettait un avenir plus terre à terre. Il me faudrait un jour trouver un travail, un vrai, un qui nourrit. Pour ce qui était du foot, dès l'âge de 20 ans, je cochais déjà toutes les cases du rêve absolu, j'avais atteint les objectifs ultimes : jouer en première division et avoir le privilège de porter le maillot de l'équipe de France. La suite de mon parcours semblait toute tracée et prenait la forme d'un long fleuve tranquille. Il n'en fut rien.

À l'été 2001, j'ai reçu un appel qui allait créer des remous dans mon quotidien. Louis Nicollin, le président du Montpellier Hérault Sport Club (MHSC), me conviait à un rendez-vous. Je n'en revenais pas. Tout le monde l'appelait par son surnom, Loulou, et Loulou avait bâti une très grosse fortune dans le nettoyage, le ramassage et le traitement des déchets. Il était entrepreneur, riche et dingue de sport, de foot en particulier. Quelques mois auparavant, son club avait absorbé l'équipe féminine de l'Entente Montpellier-Le Crès. À cette époque, la Fédération incitait les clubs majeurs de première division masculine à créer des sections féminines. Le mot « professionnalisme » commençait à se faire entendre chez les femmes. Loulou Nicollin a été le premier à dire oui, il fut le seul aussi. Il était novice dans ce milieu, mais souhaitait les meilleures dans son équipe. Il s'était renseigné et le nom d'Hoda Lattaf lui était revenu aux oreilles. Hoda était l'espoir numéro un du moment, la meilleure joueuse. Elle fut la première à être contactée. « Je veux construire ma future équipe et devenir champion de

France dans les trois ans qui viennent. Il me faut des filles comme toi. Je veux investir dans le foot féminin, pour vous donner plus de moyens. Il faut vous payer également, y a pas de raison. Tu viens, je t'invite au restau et on visite les installations. Si tu as deux, trois copines qui se débrouillent bien aussi, donne-moi leurs noms. Vous venez toutes ensemble et je vous explique. » Hoda était avec moi à Clairefontaine, en équipe de France et à La Roche-sur-Yon. Elle était de deux ans mon aînée. Hoda, ma grande sœur protectrice et tempétueuse. J'ai tout de suite eu confiance en elle. Hoda a glissé à M. Nicollin deux noms et deux numéros de téléphone : ceux de Sarah M'Barek et le mien.

Quelque temps après, la bande des trois s'est retrouvée dans une propriété luxueuse, à Montpellier, face à un des personnages les plus connus du football français. Loulou vu à la télé devenait une réalité au milieu de son mas camarguais. Quand on le voyait pour la première fois, on faisait face à un colosse qui en imposait. Loulou était drôle avec son accent lyonnais bien épais et son langage peu fin et très direct. Il disait : « Oh mes chéries ! » à peine étions-nous arrivées. À proximité de ses arènes personnelles, il nous envoyait du rêve à chaque phrase : « Vous allez devenir semi-professionnelles. Vous occuperez des emplois au club si vous le souhaitez, vous ne travaillerez que le matin. Vos horaires d'entraînement seront plus corrects. Naturellement, vous aurez droit à des primes de matchs. » Puis, à midi, il nous a menées vers un restaurant au bord de la mer. Le grand jeu pour nous, le quotidien pour lui. Tout me faisait envie, le discours, le cadre de vie, le challenge. J'étais conquise, je voulais en être. Une nouvelle fois dans ma vie, je pouvais être au début de quelque chose. Le soir, nous sommes rentrées à Clairefontaine et j'ai raconté ma journée à mes parents au téléphone. Et là, comme un contrecoup, j'ai compris que je m'étais engagée moralement avec mon club vendéen pour une saison supplémentaire. Nous étions trop proches de la reprise du championnat pour me trouver une remplaçante. De plus, j'avais tout fait pour convaincre Camille Abily, âgée alors de 17 ans, de me rejoindre à La Roche-sur-Yon. Elle était comme moi dans le système Clairefontaine, on se côtoyait tous les jours et à force d'arguments, elle avait fini par signer.

Comment pouvais-je renier ma parole et laisser tout le monde en plan ? J'étais torpillée, déchirée en deux morceaux. J'ai rappelé Loulou Nicollin pour lui annoncer que je ne signerai pas à Montpellier. Il m'a dit : « Mais tu déconnes. Comment c'est possible de répondre non à une proposition en or ? » Je lui ai alors expliqué que je ne pouvais trahir ni La Roche ni Camille. Sa réaction fut du Loulou pur jus : « Avec ce que tu viens de me raconter, tu entres à jamais dans mon cœur. Tu es ma fille, Sonia. Des gens de parole comme toi, c'est ce qu'il y a de plus précieux. Je n'oublierai jamais ton comportement. Donc, tu restes à La Roche une saison supplémentaire, on garde le contact et tu rejoins Montpellier l'année prochaine si tu le veux. » Je me suis dit que le bonhomme était spécial et qu'il m'avait convaincue. Au final, Hoda Lattaf et Sarah M'Barek ont signé tout de suite dans le club de M. Nicollin et pour moi ce n'était que partie remise.

J'ai pratiquement respecté le plan à la lettre. J'ai joué un an de plus à La Roche avec Camille et j'ai fini par m'engager avec Montpellier. En revanche, question travail, je n'ai pas opté pour un boulot plus ou moins fictif trouvé par le club, une autre opportunité m'est tombée du ciel. La Fédération recherchait quelqu'un pour son service vidéo et documentation. Le poste était basé à Clairefontaine et, comme j'étais membre de l'équipe de France A, on m'offrait la possibilité de continuer à m'entraîner là-bas avec les jeunes stagiaires du centre, après le boulot. Cependant, je ne pouvais pas garder ma chambre. Il me fallait juste prendre un appartement. J'en ai trouvé un du côté de Saint-Arnoult-en-Yvelines, à dix minutes en voiture. À 22 ans, je passais de doyenne des pensionnaires à employée du CNFE. Du lundi au vendredi, je travaillais à Clairefontaine et je m'y entraînais et le week-end, je filais vers Montpellier pour disputer le championnat de France. Mon salaire mensuel, payé par la Fédération, était de 1 137,50 euros net. Au club, les primes de matchs étaient de 75 euros par victoire en championnat et en Ligue des champions c'était au bon vouloir du président ; à cela s'ajoutaient des bonus en cas de titre. J'avais de quoi vivre et je jouais au foot au plus haut niveau. Mais quand on me demandait ma profession, je répondais invariablement que je bossais au service vidéo et documentation de Clairefontaine. Je gérais la boutique qui vendait toute une batterie de bouquins et de cassettes VHS, de la documentation spécialisée dans les exercices d'entraînement. Nos clients étaient les clubs amateurs ou professionnels, les éducateurs en général. Nous vendions sur place mais aussi en ligne. J'accueillais les acheteurs et préparais les envois de commandes reçues à distance. J'encaissais, déposais à la banque et faisais un peu de comptabilité. Je répertoriais les rapports de stages et tous les dossiers des candidats qui venaient passer leur diplôme d'entraîneur. Je devais également archiver les vidéos des équipes de France, matchs et entraînement. Je démarrais ma journée à 9 heures, je prenais une pause à midi et à 17 h 15, j'allais à l'entraînement.

Tout était sur place. J'ai apprécié ce travail. J'étais minutieuse, carrée. Les commandes étaient préparées illico, j'aimais rendre service. Je me suis ouverte au montage vidéo. Il fallait réaliser des bout à bout de certains matchs pour affiner la préparation des compétitions. Aujourd'hui que je suis devenue entraîneure, c'est un outil qui m'est familier et qui me rappelle ces années. Je travaillais en étroite collaboration avec Thierry Marszalek. Il était l'analyste vidéo de l'équipe de France ; il l'est toujours. Il était surtout mon chef et, grâce ou à cause de lui, j'ai vécu l'épisode le plus embarrassant de ma modeste carrière d'archiviste. Mon Bleu préféré était Bixente Lizarazu. Petit comme moi, « lâche rien » comme moi, un peu teigne, il jouait dans le couloir gauche du terrain et effectuait des allers-retours incessants entre la défense et l'attaque. Comme moi. Thierry savait l'admiration que je portais à Liza. Un jour, j'ai entendu dans mon dos quelqu'un qui arrivait dans mon bureau. Je me suis retournée et face à moi, j'ai découvert Liza. Merci Thierry. Pendant des années, j'avais imaginé cet instant, j'avais anticipé mes phrases et là j'ai buggé, lamentable, tétanisée face à mon idole. J'ai vécu trois interminables minutes à ne pas avoir de voix. Au bout d'un moment, comme je n'avais aucune relance à la conversation qu'il essayait d'installer, il est reparti, il avait autre chose à faire que de rester face à une muette. Je me suis sentie bête, je me suis maudite, j'ai fait tout ce que je m'étais promis de ne jamais faire en pareille circonstance.

À Montpellier, nous avons été championnes de France dès l'année 2004. Le délai de trois ans voulu par le président Nicollin était tenu. Nous avons ainsi pu goûter à la Coupe d'Europe pour la première fois. Dans l'effectif de cette très belle équipe, on retrouvait

Sarah, Hoda et moi. On retrouvait également Camille Abily, mon ancienne coéquipière de La Roche-sur-Yon. À l'époque, nous jouions à Villeneuve-lès-Maguelone, à 15 kilomètres de Montpellier. C'était un petit stade avec une minuscule tribune de 300 places. Régulièrement, ils étaient 500 à s'entasser debout derrière les grillages autour du terrain. L'ambiance y était chaude, très chaude, méridionale, partisane et de mauvaise foi. Dans le Sud, tout le monde aime la castagne et l'ambiance corrida, alors on se montrait très combatives. On sentait le public qui nous poussait et, pour nos adversaires, c'était un véritable challenge à relever. À la sortie du match, les gens nous attendaient pour une signature ou pour une photo. Ils étaient assidus, enthousiastes, proches. Ce ne sont que de beaux souvenirs. L'équipe dégageait de la force, de la sérénité. On avait l'impression d'être invincibles. On dominait le championnat français et on bénéficiait de meilleures conditions de préparation que les autres.

On se sentait privilégiées et jalousées. Le club de M. Nicollin était devenu la référence, alors tous les adversaires avaient un supplément d'âme face à nous. Le match de l'année, c'était contre Montpellier : on était l'équipe à battre. De plus, l'idée d'amener le foot féminin vers le professionnalisme n'était pas du goût de tout le monde. On nous objectait que si on devenait complètement pros, on allait perdre la proximité avec le public et gâcher la fraîcheur de notre sport au féminin. On nous promettait les pires dérives. Les petites phrases négatives revenaient comme un argumentaire : « Vous avez l'argent, vous avez les meilleures joueuses. Vous n'avez aucun mérite de gagner. » Il y avait comme une opposition profonde entre des clubs qui représentaient la fibre associative, à l'ancienne, et nous. Ils étaient censés être les purs et nous les perverties.

Pourtant, la professionnalisation à Montpellier était toute relative. Elle se résumait à la volonté d'un président de club professionnel masculin d'intégrer une section féminine. Il ne s'agissait pas de placer hommes et femmes sur un pied d'égalité. On portait la même tenue mais les filles s'entraînaient à part, à Grammont, pas loin des hommes mais pas dans les mêmes installations. J'ai dû jouer en tout quatre rencontres au stade de la Mosson, l'antre des pros. Au sein même de la section féminine, il existait trois catégories différentes de footballeuses. Bien entendu ce n'était pas officiel, mais on sentait bien les écarts. Il y avait tout d'abord la catégorie des chouchoutées, les têtes de gondoles : Hoda, Sarah, moi puis Camille. C'est sur nous que Louis Nicollin avait mis le paquet. Il faisait beaucoup pour nous, pour notre confort avec en prime, sauf pour moi au début, un travail au club pas trop fatigant et avec horaires aménagés. Puis venait la catégorie des « en devenir », c'étaient des internationales moins connues que nous et qui étaient encadrées par le club dans leur recherche d'emploi ; elles se retrouvaient parfois dans la boîte du grand patron. Pour finir, la plus importante des catégories, les « joueuses du cru » qui n'étaient pas en équipe de France. Elles se débrouillaient seules. C'était des joueuses de foot amateur de la région qui se retrouvaient à jouer en première division et qui étaient tout heureuses de bénéficier d'un encadrement pro, d'installations de qualité et d'un service médical immédiat. Auparavant, pour leurs soucis physiques, elles passaient une visite chez leur médecin de famille et c'était tout. Tout ce beau monde cohabitait. Il faut bien se rendre compte que la majorité de l'effectif travaillait comme tout un chacun et venait s'entraîner le soir, comme dans un club de district, à un horaire peu favorable aux performances physiques et aux progrès. Puis avec l'arrivée de Patrice Lair en tant que coach de l'équipe, certaines séances se tenaient entre midi et deux. Quelques filles prenaient sur leur temps de pause et retournaient bosser après. Le terme « professionnel » était un abus de langage puisque tout le monde occupait un emploi.

Non, nous n'étions pas dans le même monde que les footballeurs. Quand on partait en déplacement, on achetait nous-mêmes notre repas et après on avait la possibilité de se faire rembourser sur présentation de la note. Certaines joueuses qui bossaient chez Nicollin prenaient un congé sans solde pour les déplacements en Coupe d'Europe lorsque ces matchs nécessitaient de s'absenter plusieurs jours. Tout cela pourrait paraître bien négatif aujourd'hui, mais comme à l'accoutumée, on faisait avec et on venait de tellement loin. On venait de presque rien. Auparavant, on faisait tout ça gratuitement. Dans certains clubs de première division, les dirigeants et parfois même les joueuses conduisaient eux-mêmes les minibus pour les déplacements. Il arrivait aux filles de mettre la main à la poche pour payer l'essence. Nos adversaires pouvaient s'appeler : Compiègne, Saint-Memmie, Bruay, Soyaux, Vendenheim. Des bastions historiques du foot féminin qui faisaient avec les moyens du bord. Il y avait très peu de grandes villes et pratiquement pas d'investissement. À Montpellier, toutes les catégories de joueuses vivaient une évolution positive et exceptionnelle. Les têtes de gondoles découvraient une carrière de semi-pros, les joueuses en devenir approchaient du même but et les joueuses du cru sortaient de l'inorganisation amateur. Dans le foot, les femmes ont pris une habitude : un peu fait beaucoup. Nous étions toutes embarquées dans le même bateau. Nous nous sommes toujours montrées solidaires entre nous et si une joueuse moins bien cotée rencontrait des difficultés financières, on se battait pour elle. Je portais le brassard de capitaine et je n'hésitais pas à en parler avec le président Nicollin ; je savais notre relation particulière alors je m'en servais pour plaider des causes.

Loulou Nicollin, ses « peuchère », son paternalisme et sa carrure impressionnante. Au début je ne voyais que ça, puis à force de le côtoyer j'ai complètement oublié son enveloppe au profit de sa personnalité. C'était un personnage unique. Parfois il sortait des blagues déplacées, il tenait des propos très limites : « T'es belle ma chérie. Qu'est-ce que t'es bonne aujourd'hui ! » C'était extrêmement machiste, tellement vulgaire, d'un autre temps. Mais quand ça sortait de sa bouche, ça ne m'énervait même pas. Il avait à mes yeux une vraie considération pour les femmes. « Moi j'aime les femmes », disait-il tout le temps. Sa vulgarité verbale n'effaçait pas le respect qu'il avait pour nous. Je ne pouvais pas lui en vouloir, je ne sentais ni méchanceté ni agressivité chez Loulou. C'était lui en fait. Il disait souvent « vous êtes mes filles », il nous montrait son affection d'une manière singulière. Il était tellement maladroit, lourd parfois, grossier. Il avait envie de déconner et parfois il ne prenait pas la vie au sérieux. De temps à autre, je lui disais : « Là vous exagérez président ! » Et il riait en se tapant les cuisses, fier de sa mauvaise blague.

De prime abord, ce n'était pas lui qu'on voyait dans le rôle du bon Samaritain de la cause féminine mais il a donné aux femmes les moyens de progresser. Et qu'on le veuille ou non, avec ses mauvaises manières, il a été le premier à offrir l'opportunité à certaines de devenir semi-pros, le premier à ouvrir une section féminine dans un club de renom. Au président Nicollin, on pouvait faire confiance les yeux fermés. Parole donnée, parole tenue. Un jour, il m'a dit : « Tu as fait une très bonne saison, tu auras une belle prime. » Rien n'avait été ratifié par contrat mais la prime je l'ai eue, il a tenu sa parole. Il n'était pas obligé. Pour moi, il s'est toujours montré attentionné.

En 2005, cela faisait sept ans que j'étais à Clairefontaine, quatre années vécues en tant que stagiaire et trois comme employée de la Fédération. J'affichais six ans de plus que les filles avec qui je m'entraînais et j'avais fait le tour de la question. Je souhaitais quitter les lieux et mon travail pour aller vivre à Montpellier. Je m'en suis ouverte au président Nicollin. « Sonia, pas de souci. Tu vas bosser au club. » Je me suis retrouvée secrétaire et on m'a installée dans le petit bureau de la section féminine. C'était un job créé sur mesure avec un planning très aménagé. 9 heures/12 heures : boulot. Puis entraînement, puis déjeuner. 14 heures/16 h 30 : retour au boulot. Si un jour je voulais rentrer chez moi après l'entraînement, ce n'était pas une affaire d'État, idem si je n'arrivais qu'à 11 heures. Je répondais au téléphone, je tapais les courriers du directeur général du club, je réservais de temps à autre les hôtels pour la section féminine. Je gagnais 3 000 euros par mois, j'avais plus que doublé mon salaire. Je percevais toujours les primes de match et quand je jouais pour l'équipe de France, je recevais les primes dues aux internationales. J'étais la joueuse la mieux payée avec Hoda Lattaf. Je parvenais à gagner en tout 5 000 euros mensuels. Pour moi, c'était énorme, surtout d'où je venais, surtout quand je repensais à mes parents et à leurs salaires d'ouvriers. Je vivais à Lattes dans un appartement magnifique à un quart d'heure de Palavas-les-Flots et à dix minutes du centre-ville de Montpellier. Le cadre de vie était exceptionnel. Malgré ces changements, je suis restée sage et peu dépensière. Mon seul vice connu : les bonbons en quantité. J'étais exactement là où je voulais être. J'étais la capitaine de Montpellier et de l'équipe de France. Je faisais du foot dans le meilleur club de mon pays, on gagnait des titres, j'avais reçu l'oscar de la meilleure joueuse du championnat. Et enfin, je ne payais plus ma licence. La vie de rêve.

6

Alors casse-toi

La Ligue des champions, c'était pour les hommes. Il a fallu attendre 2009 pour avoir le droit de partager l'appellation avec nos collègues. En 2005, on parlait encore de Coupe féminine de l'UEFA. Mais qu'importe, pour nous, c'était la Coupe d'Europe, la plus belle des compétitions de clubs, la plus prestigieuse. C'était l'occasion de voyager et de se confronter aux meilleures du continent. Nous avons sorti des équipes comme Cardiff, Potsdam ou encore Brøndby. Et là, on se retrouvait face à ce qui se faisait de mieux : le FFC Francfort. Dans cet effectif, que des professionnelles, des vraies. Moi, j'avais glané un oscar de la meilleure joueuse française mais du côté des Allemandes, Birgit Prinz avait raflé à trois reprises la même distinction mais au niveau mondial. La plupart des joueuses étaient championnes du monde avec l'Allemagne en 2003. Elles avaient voyagé vers Montpellier en avion et un bus aux couleurs de leur club les attendait pour aller à l'hôtel puis au stade. Elles bénéficiaient d'un staff plus important, d'équipements et de tenues plus cossus. Une autre planète pour nous. Dire que Montpellier était ce qui se faisait de mieux en France et de loin. Mais quand les stars du ballon sont entrées sur la pelouse de notre stade de Villeneuve-lès-Maguelone chauffé à blanc, elles ne faisaient pas les malignes. Une semaine auparavant à Francfort, nous les avions battues un but à zéro lors du match aller. Nous étions à quatre-vingt-dix minutes de nous qualifier pour la première finale d'un club français dans la compétition. Historique. Allez savoir pourquoi cette demi-finale s'était déroulée au mois de novembre 2005 pour une finale prévue en mai 2006. Il n'y a vraiment que chez les femmes qu'on voyait ce genre de calendrier excentrique.

C'était donc le match à ne pas louper et je l'ai suivi assise dans la tribune avec, à côté de moi, Camille Abily. Nous avions écopé toutes deux d'un avertissement au match aller. Un de trop dans la compétition et à la clé un match de suspension. Montpellier était privé de deux de ses meilleures joueuses pour son grand rendez-vous avec l'histoire. Pour se qualifier, il suffisait de ne pas perdre. Et sans nous, le match fut dingue. Un à zéro pour les Allemandes. Puis un partout. Deux puis trois à un, pour Francfort. Penalty pour nous, trois buts à deux. Plus qu'un seul but et c'était la finale. Un tir sur le poteau, un autre sur la barre, un penalty manqué et les yeux pour pleurer pour les filles de Loulou. Nous étions passées si près. Tout le monde parlait d'exploit, mais le goût de la défaite m'est longtemps resté. Il y avait réellement un monde entre elles et nous. Après le match aller, nous étions rentrées d'Allemagne à 2 heures du matin et trois heures plus tard, deux de nos joueuses partaient faire des ménages dans des bureaux. Nous aurions pu disputer le match retour dans le grand stade de la Mosson et espérer une belle affluence pour nous soutenir ; dommage, il était occupé par le rugby. Les médias qui se sont intéressés à notre demi-finale se comptaient sur les doigts d'une main. Des journaux locaux, des télés régionales mais pas *L'Équipe*, c'était déjà bien pour nous. C'était notre monde et son plafond de verre. Nous avions frôlé une place en finale dans l'indifférence du milieu du foot.

Confusément, je pensais que Louis Nicollin ne pourrait pas aller bien plus loin dans sa volonté de développement de sa section féminine. Je n'en ai jamais réellement discuté avec lui, mais le président ne montrait pas un désir farouche de gagner la Coupe d'Europe. Ce n'était pas un objectif affiché en tout cas. De plus, son club connaissait quelques difficultés financières et son entourage proche n'était pas du tout fan de ses filles : « Tu ne vas pas tout mettre sur les gonzesses, quand même ! » Les ambitions étaient limitées à être les meilleures du pays. Pour voir plus grand, il fallait voir ailleurs.

Une fois de plus, l'intermédiaire fut Hoda Lattaf. Elle fut chargée par Marino Faccioli, directeur administratif de l'Olympique lyonnais, de nous informer du programme de notre journée. Outre Hoda, il y avait Laure Lepailleur, une jeune internationale de 21 ans, Camille Abily qui venait de recevoir le prix de meilleure joueuse de l'année et moi. En ce jour du mois de juin 2006, nous avions rendez-vous au Novotel du quartier de Gerland à Lyon avec le président de l'OL, Jean-Michel Aulas, qui devait nous faire une proposition. Au programme, restaurant, visite des installations et argumentaires. Du déjà-vu sur la forme, mais là c'était avec le président du club qui écrasait le foot français à l'époque. Le gratin du gratin. C'était le genre de convocation qu'on ne pouvait pas refuser.

En 2004, l'OL avait repris le club du FC Lyon quatre fois champion de France mais porteur d'un déficit budgétaire qui le condamnait. Jean-Michel Aulas avait en fait joué les pompiers de service comme l'avait fait avant lui son ami Loulou Nicollin avec le Montpellier-Le Crès. Depuis deux années, je suivais ce qui se passait à Lyon. Le club avait démarré en trombe son histoire féminine en attirant sept joueuses américaines de renommée mondiale. C'était une manière de marquer le territoire et de souligner un changement de braquet. Le foot féminin français s'ouvrait à l'internationale et par la grande porte en plus. Je dois l'avouer : j'éprouvais de l'admiration et j'étais un peu envieuse de ce qui était en train de se construire. Nous étions l'équipe française au sommet et Lyon allait nous voler la vedette. Alors quand on les jouait, on voulait marquer notre territoire menacé. Un supplément de motivation nous habitait, la suprématie nationale était en jeu. Dans ma tête, je me disais : « Vous pouvez ramener toutes les Américaines que vous voulez, on reste et on restera les meilleures. » Mais on sentait déjà que la puissance financière de l'Olympique lyonnais était sans commune mesure avec celle de Montpellier.

Nous avons fait les trois heures de route, toutes excitées même si dans ma petite tête de modeste footballeuse, je me disais que le grand M. Aulas ne viendrait peut-être pas et qu'il se ferait représenter. Le gars ne devait pas avoir beaucoup de temps, alors en prendre pour des filles qui jouaient au foot, ça me paraissait peu réaliste. Nous sommes arrivées au Novotel à l'heure du déjeuner. Pas d'Aulas pour nous accueillir mais Marino Faccioli et Robert Béroud, le responsable pédagogique du club. Nous nous sommes installées dans le hall de l'hôtel et au bout de quelques minutes, Jean-Michel Aulas a fait son apparition. Je me suis dit : « C'est bien lui, pas de doute. » J'avais l'impression de revivre ma rencontre avec Lizarazu. J'étais très impressionnée, mal à l'aise aussi. Il représentait tellement pour le football français. Je me demandais si je devais lui dire « Bonjour monsieur Aulas » ou bien « Bonjour président ». Finalement, j'ai sorti toute la panoplie : « Bonjour président Aulas. » Pas de bise mais un serrage de main chaleureux et nous nous sommes dit, avec mes coéquipières, en un regard échangé que c'était bien réel. Le message qu'il nous envoyait par sa seule présence était reçu fort et clair.

À peine les salutations effectuées, il nous a dirigées vers la salle de restaurant où nous attendait une autre surprise. Dans l'espace qu'il avait privatisé pour l'occasion, nous avons rejoint Jérémy Toulalan et son agent. Toulalan était un grand espoir du football français. Il avait 23 ans et jouait au FC Nantes. Le président Aulas voulait le faire signer à l'OL et il le recevait en même temps que nous. Quatre footballeuses semi-pros étaient placées au même niveau de considération qu'un footballeur vedette de Ligue 1 dont le transfert allait s'élever à 7 millions d'euros. Qui pouvait faire ça à part Aulas ? On aurait pu penser que son dossier principal était Toulalan mais durant tout le repas, il nous a traités tous les cinq avec les mêmes égards. « Les cinq, je veux que vous signiez à l'OL. » On n'en revenait pas. Durant tout le repas, nous avons parlé foot comme si de rien n'était alors que nous étions chacune submergée par nos émotions. Personnellement, j'étais scotchée, collée dans un rêve de coton. Quand nous avons évoqué les raisons de notre venue, le président Aulas s'est même servi de Jérémy : « Vous voyez, on essaie de faire venir les meilleurs Français, preuve que nos ambitions restent intactes. Et je veux faire la même chose avec les filles. » Il avait bien préparé – ou bien fait préparer – ses mémos nous concernant. Il connaissait pour chacune d'entre nous, deux, trois éléments, nos âges, nos parcours, nos postes. Il nous a expliqué qu'il souhaitait s'appuyer sur son savoir-faire acquis avec les garçons pour construire un projet d'envergure. Il nous a vite fait comprendre que l'argent n'était pas un problème pour recruter les meilleures joueuses, celles qui avaient envie de gagner et d'être sur la même longueur d'onde que lui. Il a répété plusieurs fois qu'il était persuadé qu'avec les filles il remporterait bientôt la Ligue des champions, alors ça serait avec nous ou sans nous. Il était très convaincant et on pensait tous qu'il allait parvenir à ses fins.

Après le déjeuner, nous avons visité le centre d'entraînement Tola-Vologe, réservé aux garçons. Là, on nous a expliqué que pour l'instant il n'y avait rien de dédié aux filles et qu'on s'entraînerait juste en face à la Plaine des jeux de Gerland sur des terrains municipaux mais de qualité. En fin de journée, nous avons eu droit à un entretien individuel durant lequel on nous a fait des propositions d'emploi et de salaires. Les offres variaient en fonction de nos cartes de visite respectives. À l'heure des négociations, nous nous sommes rendu compte qu'aucune d'entre nous n'avait d'agent, à la différence de Jérémy Toulalan ou de n'importe quel autre footballeur. On réglait ça toutes seules. Laure et Camille, qui suivaient des études en éducation physique en STAPS, se sont vu proposer un poste d'éducatrice chez les jeunes du club. Hoda devait œuvrer au service merchandising et moi à l'OLTV, la chaîne de l'OL. Nous étions censées signer des contrats de travail à durée indéterminée, pas des contrats de footballeuses. Ça n'existait toujours pas.

Nous avons parlé rémunération séparément et pour moi ça donnait 2 500 euros de salaire par mois, 1 000 euros d'indemnité de logement mensuelle, 12 000 euros de prime à la signature, les primes de matchs, une prime en cas de doublé « Coupe de France et championnat de France », les primes de Coupe d'Europe et une voiture de fonction. J'étais complètement perdue et soûlée par ces sommes inédites. En un an, je pouvais atteindre les 100 000 euros de gains. J'avais gagné au Loto, moi qui jouais au foot pour rien il n'y avait encore pas si longtemps et qui payais ma licence. Dans ma tête, c'était la révolution et il me fallait garder une certaine contenance, jouer les habituées alors qu'intérieurement je me disais : « Mais il est tombé sur la tête, Aulas. » Avant le rendez-vous, j'avais pris conseil auprès de mon grand frère afin d'estimer ce que je pouvais raisonnablement demander. Nous étions à des années-lumière de notre évaluation. Je n'ai même pas mentionné de contre-proposition mais comme prévu avec Pedro, je n'ai pas dit oui tout de suite.

En repartant, nous avons lancé un « on va réfléchir » de circonstance alors que c'était déjà tout réfléchi. Dans la voiture, personne n'osait ouvrir le bal des révélations. Les premières phrases étaient vagues, très prudentes parce qu'on savait que les quatre propositions étaient différentes. L'une a dû sortir du bois et a évoqué son CDI, les autres en avaient un aussi. Ouf ! Soulagement. Pareil pour la prime à la signature, pour les primes d'objectifs, pour l'indemnité de logement et pour la voiture de fonction, même si les montants étaient différents. Nous sommes rentrées des étoiles plein les yeux.

Les jours qui suivirent, nous n'avons parlé que de cela. Dans l'esprit de Laure et Camille, il n'y avait aucun doute, il fallait y aller. Hoda était plus mesurée mais convaincue. Quant à moi, j'étais comme à mon habitude rattrapée par mon affect. J'étais sûre de moi, puis les jours passant je l'étais de moins en moins. Nous allions briser le projet de Loulou Nicollin et moi, « sa fille », j'étais à la tête du complot. J'ai même timidement tenté de convaincre les autres : « Non, les filles, on est bien à Montpellier. » Mais elles étaient intraitables : « Arrête un peu tes conneries, Sonia. Tu suis le mouvement et on ne va pas le regretter. L'avenir est à Lyon. » J'ai été celle qui a mis le plus de temps à se décider mais, malgré la tempête sous mon crâne, je savais bien que partir était la meilleure solution. Nous pouvions désormais rappeler Lyon pour dire oui. Mais pour moi avant, il fallait l'annoncer au président Nicollin.

Nous lui avons toutes écrit un message. Il n'a répondu qu'au mien. Je me suis rendue chez lui au mas Saint-Gabriel, le cœur serré, en compagnie de Camille Abily. Son domaine était bien plus énorme encore que ce que je croyais. C'était la quatrième fois que j'y venais. Christian Pelatan, le conservateur du musée personnel de Louis Nicollin, nous a accueillies et a expliqué que le président n'était pas à l'endroit où nous nous trouvions et qu'il allait nous accompagner auprès de lui. Nous avons repris la voiture et roulé un bon moment à l'intérieur de la vaste propriété. Il y avait de nombreux bâtiments sur le chemin et nous sommes arrivés à sa vraie maison. Ce que je croyais être sa demeure depuis le début, n'était en fait qu'un vaste lieu d'accueil. Christian nous a guidées vers une petite pièce jouxtant sa chambre. Une infirmière était là, puis Loulou a débarqué en pyjama, un colosse dans sa faiblesse. Nous savions le président malade. Parfois, on se rendait compte qu'il souffrait physiquement. Au moment des photos officielles en été, il prévenait souvent tout en soufflant : « C'est dur les filles, c'est dur. » Il prenait son petit mouchoir et tamponnait son front dégoulinant de sueur. Ce jour-là, nous n'étions plus ses filles, il se doutait de quelque chose. Il savait très bien qu'aucune d'entre nous n'avait encore repris sa licence annuelle à Montpellier. Visiblement, il était épuisé et très énervé. Camille m'accompagnait mais elle ne disait rien. Du haut de ses 21 ans, elle a choisi le mutisme et je suis passée devant comme bien souvent. Je lui ai appris que nous allions partir pour Lyon. Je lui parlais de nous mais il ne répondait qu'à moi.

« Franchement, qu'est-ce que je dois faire pour te garder à Montpellier ?

— Rien. On m'a proposé un projet bien plus ambitieux, c'est tout. Ça ne se refuse pas. Je suis désolée, président.

— Si tu veux, tu peux refuser. Tu veux combien ?

— Ce n'est pas qu'une question d'argent.

— Comment ça ? Il donne combien Aulas ?

— Ce n'est pas que ça, on en a déjà discuté. Nous sommes arrivées en demi-finale de la Ligue des champions avec Montpellier et vous savez qu'on aura du mal à faire mieux. À Lyon, le discours est clair, un jour ils gagneront la Coupe et je veux faire partie de cette aventure.

— T'es certaine que c'est pas qu'une question d'argent ?

— Certaine.

— Alors casse-toi. Casse-toi ! »

Aujourd'hui encore, je ne peux lui en vouloir. Ce « casse-toi » voulait dire en fait : « Tu me fais trop mal au cœur. » Pour lui, c'était une double trahison. La mienne tout d'abord, parce que nous avions noué un lien affectif privilégié, et celle de son ami Jean-Michel Aulas. Il était déchiré par mon départ mais je pense qu'au fond de lui, il savait qu'il ne pouvait pas rivaliser et que face au président de l'OL, le combat était perdu d'avance. Il comprenait la décision mais il ne pouvait l'accepter. Si je l'ai trahi ? Oui. Mais pas dans le sens où je n'ai pas respecté une promesse ou un engagement contractuel. Je dirais plutôt qu'en partant ainsi, je lui coupais l'herbe sous le pied. Alors ce « casse-toi », lâché dans un cri de colère, fut la dernière injonction que j'ai entendue de lui de son vivant, en face à face. Dans la voiture avec Camille, le silence prenait toute la place. J'ai très mal vécu de l'avoir blessé. J'en ai beaucoup pleuré. Hoda s'est finalement chargée de rappeler l'OL et quelques jours plus tard, nous sommes revenues à Lyon pour passer une visite médicale et signer nos licences, comme les joueuses amateur que nous étions dans les textes. Nos contrats de travail, nous allions les parapher quelque temps après.

Nous fûmes quatre de Montpellier à partir pour Lyon cette année-là. La saison suivante, deux autres Montpelliéraines ont suivi : Louisa Necib et Élodie Thomis. Six joueuses importantes en tout, le président Aulas avait dépouillé Montpellier en quelques mois.

Dès la première année à l'OL, nous avons connu le succès. Les quatre recrues françaises ont réussi là où les sept Américaines avaient échoué. L'équipe a décroché le titre de champion de France, le premier d'une série de quatorze. Le club classé juste derrière nous était relégué à sept points, c'était le MHSC de Loulou Nicollin. Parmi les quatre meilleures buteuses de l'année, il y avait trois anciennes Montpelliéraines et j'avais inscrit quatorze buts dans la saison. C'était un vrai soulagement que d'avoir pu assumer notre statut. Jean-Michel Aulas, qui venait régulièrement voir nos matchs, était aux anges. Son club était champion de France chez les garçons et chez les filles, du jamais-vu.

Pour moi, le contrat était rempli, mais le souvenir le plus vif qui me reste de cette saison est une défaite. En finale du Challenge de France, qu'on n'a pu nommer Coupe de France qu'à partir de 2011 (c'était réservé aux garçons), nous avons affronté Montpellier à Saint-Denis dans un tout petit stade. J'avais guetté, pas de Loulou dans le coin, ça m'avait ôté un poids. Le match fut, comme toujours entre ces deux équipes, serré et âpre. Nous étions menées trois buts à un à dix minutes de la fin de la rencontre, mais Hoda puis Camille allaient changer la donne. Trois partout, ça devait se régler aux tirs au but et je me sentais très confiante. Laure Lepailleur s'est avancée pour tirer le premier penalty, elle a carrément évité la cage. En revanche, du côté de Montpellier, ça a marqué. Au tour de Camille, mais la gardienne qui nous connaissait bien a arrêté sa tentative. Échec pour Lyon mais réussite pour Montpellier. Ça faisait deux à zéro. À mon tour de m'essayer, et là ce fut le scénario catastrophe. J'ai manqué une première fois mais l'arbitre a décidé de refaire tirer mon penalty. Je l'ai encore lamentablement loupé. Virginie Faisandier a réussi le sien, trois à zéro, adieu le doublé « coupe et championnat ». Hoda devait tirer en quatrième, elle n'a même pas pu. C'était une humiliation. Cette finale, je l'ai très mal vécue. C'était un trophée qui me passait sous le nez avec le pire des dénouements. La probabilité pour que les trois anciennes de Montpellier manquent à la suite était négligeable. Ça faisait mauvaise fable de La Fontaine, avec les filles scélérates qui se retrouvaient face à leur jugement. Je me suis dit que c'était un message qu'on m'envoyait, le *mektoub*, la vengeance pour mon départ.

Quand le président Nicollin est parti, ça m'a laissé une impression étrange car il était un de ces personnages qu'on croit éternel. J'ai appris la nouvelle alors que j'étais dans une réunion à l'Académie de l'OL.

Nous étions le 29 juin 2017. Je connaissais cette date par cœur parce que c'était son anniversaire, il fêtait ce jour-là ses 74 ans. Des collègues avaient vu passer l'information de son décès sur les réseaux sociaux, alors j'ai nerveusement consulté mon téléphone. J'étais sous le choc. Crise cardiaque, comme pour maman. Il avait eu la fin qu'il souhaitait : au restaurant pour l'occasion, avec des proches, il profitait une dernière fois de la vie. Un bon repas, un bon coup à boire, le bon vivant jusqu'à sa mort. La nouvelle tournait en boucle sur les chaînes infos et j'étais de plus en plus triste, affectée, perturbée. J'ai ressenti une douleur qui me racontait à quel point j'étais attachée à lui. Je me suis rendu compte à ce moment précis qu'il comptait dans ma vie. Même après notre fin violente, je n'ai jamais nourri la moindre animosité à son égard. Depuis cet échange en 2006, on ne s'était plus jamais reparlé mais à chacun de ses anniversaires, je lui écrivais un texto. C'était le seul moment où je m'octroyais ce droit et il me répondait. Ce jour-là, onze ans après notre dernière rencontre, pas de texto d'anniversaire, Loulou s'était « cassé » à tout jamais.

7

Mon grand-père, pas gâteau

Papa et maman, devant. Petit frère, grand frère et moi, derrière. Objectif : Póvoa de Varzim, 1 400 kilomètres, dix-sept heures de voyage. Quand tu étais portugais de France dans les années 1980, tu n'attendais qu'une seule chose : que l'été s'installe avec son programme tout écrit. Tu chargeais la voiture, la remorque, tu blindais jusqu'à la galerie et tu prenais la route. Tu savais que tu partais pour un mois et que tu allais profiter de la famille. Une période de rêve qui sentait l'enfance, mon enfance, et durant laquelle ceux du Portugal et ceux de France se réunissaient et ne faisaient plus qu'un. Au pays des parents, je retrouvais mes oncles, mes tantes, mes cousines et mes cousins du côté de maman, ceux qui étaient restés au pays. Mais il y avait aussi la même longue liste du côté de papa, des immigrés qui comme nous étaient en vacances au bled et qu'on croisait parfois en villégiature au Portugal. Pour les Bompastor du Loir-et-Cher, le port d'attache se situait chez mes grands-parents maternels. Ma mère avait laissé là-bas ses cinq frères et sœurs, toute une famille qu'on ne voyait qu'une fois l'an, alors les relations étaient intenses. La maison de mon grand-père et de ma grand-mère constituait le socle, le point de ralliement. Elle était minuscule. Couloirs étroits, pièces réduites, plafonds bas. Dans la petite baraque au centre-ville, nous vivions à sept dans l'adaptation quotidienne. Outre une cuisine exiguë et un salon miniature, il y avait trois chambres. Celle de grand-père et grand-mère, celle des parents et la nôtre. La plupart du temps, le reste de la famille débarquait avec enthousiasme et nous étions très rapidement une vingtaine. Comme on ne pouvait pas aller au restaurant, on mangeait à la maison et grand-mère cuisinait pour tout le monde. La table était à l'échelle de la baraque, alors il y avait plusieurs services. Ça commençait toujours par les enfants et il ne fallait pas trop traîner. Durant l'été, la famille qui venait nous rendre visite décidait souvent de rester dormir. Au tout dernier moment, il fallait inventer des lits. Des couvertures au sol, des oreillers entassés et les cousins, cousines s'allongeaient dans un dortoir bordélique et improvisé. Parfois, il nous arrivait de vivre Noël au Portugal et pour le repas, on enlevait carrément la table pour gagner de la place et on mangeait tous par terre. Nous étions nombreux, les uns sur les autres mais au final, il y avait de la place pour tous. Que de bons moments partagés j'ai vécu là-bas…

Au mois d'août, en quittant la France, on voyageait dans l'espace et dans le temps. On revenait dans le passé et on atterrissait dans un monde plus rudimentaire où on ne parlait que le portugais. Les premières années, il n'y avait pas de télé puis il y en a eu une, un modèle sans âge en noir et blanc, avec des programmes locaux austères qui nous poussaient à ignorer son arrivée. On jouait dehors tout le temps. Pas de machine à laver non plus mais une bassine qu'on appelait un tank, dans lequel les mains de maman et de grand-mère frottaient tout ce qu'elles pouvaient. En France, pour les courses, nous avions l'habitude de tout trouver en grande surface ; là c'était la chasse au trésor quotidienne dans des échoppes de fortune. On prenait ce qu'il y avait, quand il y avait quelque chose à prendre. On faisait avec. C'était le dépaysement total en restant sur le même continent. Nous nous retrouvions autour d'activités simples. Tous les jours, on mangeait des glaces, on regardait les vagues s'écraser sur la côte et l'on riait de tout dans notre maison de poupées.

Quelle joie malgré la rigidité et la fermeté imposées par le maître des lieux. Il faut dire qu'il n'était pas commode, José. José Da Silva Fangueiro était mon grand-père, *avô* en portugais. Il était très grand, très élégant, rasé de près, les cheveux bruns au début, puis grisonnants ensuite. Il était le grand manitou de la famille, le référent moral. La moindre des décisions passait par lui, le monde tournait autour de lui. Il était le *big boss*. Il était pêcheur de profession. Ma grand-mère lui préparait sa gamelle chaque jour que Dieu faisait et il quittait la maison. Il partait la nuit sur son bateau et il voguait sur l'Atlantique. Au petit matin, nous allions l'accueillir au port. Il nous montrait avec orgueil le fruit de sa pêche. Il en vendait une partie et gardait le reste pour nourrir la famille. Après le travail, il faisait sa sieste et c'était pour nous le moment d'aller à la plage et d'éviter de faire le moindre bruit. Très souvent, nous jouions entre cousins juste devant la maison. Les garçons sortaient un ballon, une partie de foot se lançait et je participais au jeu.

Ce n'était pas du tout du goût de grand-père qui trouvait cette histoire de foot féminin inconcevable. J'avais beau être sa petite-fille, je n'échappais pas à sa condamnation sans appel et les remarques froides et acerbes sur « les garçons manqués » fusaient. J'étais petite, ça tombait bien, ça me passait au-dessus de la tête. Pourtant il adorait le foot. Il y avait des photos, des posters, des fanions du club de Benfica Lisbonne sur tous les murs de la maison. Pour avô, le football c'était *o rei* Eusebio, le roi des années 1960, c'était un sport de contact, c'était un truc de mecs avec du poil autour. Qu'est-ce que foutrait une fille dans ce monde-là ? Et sa petite-fille en plus. Il sortait alors sa face d'homme sévère, inflexible, peu enclin à la tendresse. Parfois, j'entendais des bribes de discussions d'adultes en traversant le couloir. Dans ce logis miniature, on captait toutes les conversations, même celles qu'on souhaitait éviter. Papi ne plaisantait pas sur la place de la femme dans sa maison et dans la société. Cuisine, vaisselle, ménage. Le triptyque. Deux de mes tantes ont un jour divorcé puis elles ont refait leur vie avec d'autres hommes. Pour grand-père, elles étaient des prostituées ni plus ni moins, même s'il savait qu'une d'entre elles était une femme battue. L'émancipation de la femme constituait à ces yeux le comble de l'inutile. Il était de sa culture et de son temps. Mais malgré sa mine fermée, on sentait qu'il était heureux de revoir sa fille et ses petits-enfants. J'aimais le retrouver, papi, même avec ses limites car il représentait mes vacances, une parenthèse de bonheur qui s'ouvrait sur des moments que je ne peux effacer de ma mémoire.

Chaque été de mon enfance, le départ vers le Portugal était une fête et, à chaque retour, nous vivions un déchirement, particulièrement ma mère et ses parents. Nos au revoir ressemblaient à des adieux. Mes proches revivaient en réalité le tout premier départ, celui qui a fait de maman une étrangère dans un autre pays. Mes grands-parents replongeaient dans la tristesse de perdre à nouveau leur enfant. Je ne me rendais pas compte à quel point ils souffraient tous parce que moi aussi j'étais en pleurs. J'étais triste, je quittais mes cousins, mes cousines, mes oncles et mes tantes, mes grands-parents. Je ne les voyais qu'une seule fois par an et le retour en France remettait les horloges à zéro. Il me faudrait attendre une nouvelle année avant de revivre les moments intenses partagés avec eux. Que cela me paraissait long une année en ce temps-là.

Nous avons fini par espacer nos venues au Portugal et ces temps bénis ne sont jamais complètement revenus. Le temps a filé et la petite fille qui jouait au foot devant la maison contre l'avis de son grand-père n'a jamais cessé de progresser. Sacré avô. Sacré papi, l'anti-foot féminin primaire. On me disait qu'il suivait mon parcours, de loin. Il savait bien que je franchissais des paliers, mais ça ne changeait rien à ses yeux. Pour lui, le foot et moi, ça ne pouvait pas être une histoire sérieuse, au plus une passade que je finirais par oublier. Son regard a changé dès lors que j'ai été sélectionnée en équipe de France. Quatre mois après cette consécration, qu'il ne pouvait ignorer, j'ai décidé d'offrir mon premier maillot des Bleues à l'homme qui n'avait aucune considération pour le football joué par les femmes. Ça me faisait plaisir. J'aurais pu le donner à un de mes frères, à mon père. Mais non, j'ai décidé que ce serait à lui, c'était une manière toute portugaise de lui dire des choses : « Tu vois, je n'ai pas abandonné. Tu as fait partie de ceux qui voulaient que je laisse tomber, de ceux qui m'ont critiquée. La récompense de mon travail et de ma ténacité se trouve dans ce bout de tissu bleu brodé d'un coq doré. Et cette récompense, je te l'offre car tu dois être fier du chemin parcouru, fier de ta petite-fille. » Je savais très bien que ce n'était pas un cadeau classique, c'était une forme de défi et d'invitation. Avec mon caractère bien trempé, comme le sien, je lui faisais comprendre qu'il pouvait lâcher l'affaire et ses convictions d'un autre temps pour saisir quelques instants de bonheur et de satisfaction. Et à partir de là il s'est dit que l'histoire entre le ballon et moi était solide.

Mon grand-père est venu me voir jouer à deux reprises. La première fois, c'était en Galice, au nord du Portugal à quatre heures de route de Póvoa de Varzim pour un match de qualification au championnat d'Europe. Nous rencontrions l'Espagne et toute la famille s'était déplacée avec un stock de bouteilles de porto à offrir au staff des Bleues. J'avais débuté remplaçante ; normal, j'étais jeune internationale, j'allais attendre mon heure. Mais je ne suis jamais entrée en jeu. J'étais dégoûtée et ils étaient tous furibards, mon grand-père en tête. Il m'a ordonné de ne rien offrir à cette bande d'ingrats, signe qu'il avait fait sa mue et qu'il était sans le dire heureux d'être là pour moi. Il allait devoir attendre cinq ans pour assister pour la première et la dernière fois à une rencontre de sa petite-fille. Avec Montpellier, en tour préliminaire de la Coupe d'Europe, nous affrontions le club portugais de Sintra. Avô était déjà malade, mais il tenait à effectuer les trois heures de voyage. Ce jour-là, j'ai joué, j'étais capitaine et nous l'avons emporté. Une photo de famille prise dans la tribune du stade a fixé ce moment pour la postérité. On y voit mon grand-père qui m'enlace, ma grand-mère aux anges, il y a aussi Camille et toute la famille. Jamais de sa vie, il n'a manifesté le moindre sentiment de contentement ou de fierté à mon égard. Il fallait que je comprenne ses sentiments dans ses gestes, dans ses actes. Là, pour me voir jouer au foot, il avait placé ses dernières forces dans la bataille. Quand on ne sait pas dire, on essaye de manifester, et là j'avais bien entendu son amour muet. À ma manière, avec mes armes, à travers la pratique de mon sport, j'ai fait évoluer cet homme aux préjugés d'acier. C'est la dernière fois que je l'ai vu. Trois semaines plus tard, le cancer a sifflé la fin de son match.

Après sa mort, un de mes oncles m'a fait une révélation : « Ton grand-père ne te l'a jamais dit mais à nous si et souvent. Il était fier de toi et de ton chemin. » Puis en me tendant le maillot de l'équipe de France, il a ajouté : « Sonia, il était chez avô. Peut-être voudrais-tu le récupérer ? » J'ai refusé et j'ai dit que comme mamie était toujours là, le maillot était à sa place, la meilleure possible. Le premier maillot de l'équipe de France d'une petite-fille éduquée à la portugaise devait rester chez son grand-père, au Portugal, sur la terre de mes étés d'enfant.

8

Rouge et bleu sont nos couleurs

À l'OLTV, j'étais employée en tant qu'archiviste, un peu comme à Clairefontaine. Je devais classer la presse que le club recevait et répertorier, saison par saison, les vidéos des matchs qui s'entassaient sans hiérarchie dans un local. J'ai mis trois mois pour tout étiqueter et tout réorganiser. Après, j'avais du temps, suffisamment pour me perfectionner en montage. Je travaillais trois heures par jour le matin et mon programme était très léger. J'arrivais fraîche aux entraînements qui se déroulaient en soirée la première année, puis le matin ensuite. Pour Hoda, Camille et Laure, la fatigue du taf n'était pas non plus un souci. À nos débuts à Lyon, certaines filles travaillaient normalement hors du club. Ça me gênait ces écarts entre nous. Quand j'avais bossé trois heures, certaines arrivaient à l'entraînement rincées par une journée de travail. Nous étions une nouvelle fois parmi les privilégiées de l'équipe avec des conditions contractuelles particulières, les quatre seules à bénéficier d'une voiture de fonction par exemple.

Notre coach de l'époque, Farid Benstiti, connaissait bien notre statut et le projet du président. Il nous avait cependant présentées au reste de l'équipe comme des nouvelles recrues, pas plus. On nous avait choisies pour tirer le groupe vers l'avant, pour jouer le rôle de locomotives comme à Montpellier mais là, le train semblait plus rapide et plus confortable. La grande plus-value à Lyon était que l'on pouvait bénéficier de certaines ressources mises à disposition des garçons. Nous avons ainsi connu des avancées qui pourraient sembler anodines, mais qui ne l'étaient pas. On pouvait manger au restaurant du club avec les pros et les salariés. Si on avait un pépin physique, on allait voir le staff médical des garçons en face de nos terrains d'entraînement. À l'OL, j'ai découvert aussi les caméras et la médiatisation parce que le club avait sa propre chaîne et que nous étions sollicitées régulièrement. J'ai appris gratuitement l'art de bien répondre grâce à ce media training livré à domicile et j'ai pu me rendre compte que ça faisait partie du job. Nous avions tellement l'habitude de l'anonymat que nous avions fini par admettre que les médias étaient réservés aux hommes.

Pour ce qui était des tenues, il a fallu attendre un an avant d'avoir les mêmes que les garçons. La première saison, c'était le royaume du bric et broc. Chacune venait à l'entraînement avec son équipement, avec ses couleurs, comme en division de district. Il fallait construire un modèle, pierre après pierre, et traiter le moindre détail incohérent. Certes, on était conscientes qu'il fallait nous faire de la place et qu'on ne faisait pas l'unanimité, mais on se sentait intégrées dans un club reconnu au niveau européen. Une nouvelle fois, j'étais au bon endroit, au bon moment, au départ de quelque chose. Comme cette situation s'était souvent renouvelée tout au long de mon parcours, j'ai fini par croire les personnes qui me répétaient que j'avais une bonne étoile au-dessus de la tête. J'avais perdu maman, mais j'avais un astre protecteur qui me guidait. En tout cas, j'aimais bien cette idée, même si je savais qu'on n'était pas venu me chercher pour mes beaux yeux et que bien souvent la vie est un concours de circonstances dans lequel on ne choisit pas.

L'OL version féminine était lancé et j'étais la capitaine d'une équipe qui écrasait tout sur son passage. Durant ma première saison, Lyon a marqué cent seize buts en championnat de France, près de deux fois plus que le deuxième. Au début de l'exercice 2007-2008, notre objectif était de faire briller nos couleurs mais à l'échelle du continent cette fois. Pour la première campagne européenne de l'histoire du club, nous sommes parties de très loin. Quand vous n'êtes personne et que vous avez la prétention de devenir quelqu'un, le voyage est forcément long. Le nôtre a débuté au mois d'août 2007 par un étrange tournoi préliminaire en Macédoine. En cinq jours, nous devions disputer trois rencontres. Du grand n'importe quoi, mais on faisait avec. Quant à la pelouse, on faisait sans. L'état du terrain était catastrophique. Qu'importe, face aux Slovènes du Slovan Duslo Šal'a nous avons inauguré l'épopée européenne de l'OL par une victoire, douze à zéro, devant 100 spectateurs. Le premier but historique fut signé Camille Abily. Après notre match, nous sommes restées pour regarder nos futures adversaires qui jouaient juste derrière nous au même endroit. Leur niveau nous a rassurées pour la suite. Nous avons balayé les Macédoniennes dix à zéro et pour finir nous en avons passé sept à l'équipe bosniaque. Nous étions qualifiées mais si ce souvenir reste encore dans ma mémoire, c'est davantage pour le séjour chaotique que pour le résultat sportif. Rien n'allait. Quand nous ouvrions les robinets de nos chambres à l'hôtel, l'eau qui coulait était de couleur orange. La nourriture n'était pas de première fraîcheur et sous la chaleur de l'été, elle ne restait pas longtemps dans certains estomacs. Toutes les équipes logeaient au même endroit et la veille de notre dernière rencontre, un mariage s'est tenu dans l'établissement. Il y avait des invités en très grand nombre et de la musique à fond toute la nuit, pour une fête de fous. Impossible de trouver le sommeil. Au milieu de cette pagaille, nous représentions malgré tout l'OL avec nos survêtements estampillés. On croisait les noceurs incrédules et avinés tout en conservant un comportement professionnel. Pour ce qui était de l'organisation en revanche, on ne pouvait pas faire plus amateur. L'UEFA qui encadrait la compétition et le séjour avait fait preuve de négligence et avait investi le minimum. On ne coûtait pas cher mais on s'en foutait, on attendait juste la suite.

Deux mois plus tard, pour le tour suivant, nous avons eu droit au même principe de compétition. Un tournoi entre quatre équipes, sur cinq jours, dans la même ville. Nos adversaires avaient pour noms Kolbotn, Brøndby et Sparta Prague. Et l'hôte de ce grand rendez-vous fut Lyon. Organiser ce genre d'événement était coûteux et les candidats se faisaient rares. L'OL avait largement les moyens et tenait à afficher ses ambitions. Le président Aulas voulait que l'on soit visibles et crédibles. Nous avons donc joué nos trois rencontres à domicile et pour une fois nous avons eu droit à la pelouse du stade de Gerland, celle que les hommes gardaient en exclusivité jusque-là. Je l'ai appris plus tard, mais ce 11 octobre 2007, cela faisait trente-sept ans qu'aucune équipe féminine de club n'avait foulé ce terrain. Nos glorieuses aînées de 1970, deux équipes régionales, ne l'avaient fait qu'une seule fois pour une exhibition sans lendemain. J'étais donc la première capitaine de l'Olympique lyonnais pour un match officiel à Gerland, devant 921 spectateurs alors que l'enceinte peut en recevoir 43 000. Dans ce bel écrin qui sonnait creux, nos adversaires du jour furent les Danoises de Brøndby. Nous n'en menions pas large, nous n'étions pas favorites, loin de là. À l'époque, les pays scandinaves présentaient toujours des équipes très compétitives ; le foot féminin y était banalisé et ne rencontrait pas d'opposition quant à son développement, bien au contraire. Pour notre première rencontre, nous avons arraché un match nul zéro à zéro. Le surlendemain, contre Kolbotn, un but de Camille Abily nous a offert la victoire face à des Norvégiennes réputées. Lors de l'ultime confrontation, Camille a récidivé suivie quelques minutes plus tard par Wendie Renard. Deux buts à un, nous étions qualifiées. C'était ric-rac mais nous avions réalisé un gros coup face à des joueuses beaucoup plus expérimentées que nous. Notre page blanche se noircissait d'une première performance, vivement la prochaine étape.

Le tirage au sort nous a offert une montagne à gravir, Arsenal, les championnes d'Europe en titre. Je m'étais dit que cela allait être une belle galère face à une prestigieuse équipe composée de joueuses talentueuses mais c'était également le genre de rendez-vous qui permettait de se jauger, de découvrir notre niveau réel et de mesurer le chemin à parcourir. OL/Arsenal en quart de finale de la Coupe d'Europe à Gerland, l'affiche du match aller était si belle que notre club a décidé de mettre le paquet dans la communication en proposant pour la première fois une campagne mixte. Les garçons brillaient en Ligue des champions, nous, nous nous illustrions en Coupe d'Europe et nous devions leur succéder à Gerland à une semaine d'intervalle. L'idée était que si on aimait le foot et son club, on pouvait assister aux deux rencontres. Nous avons surfé sur ce concept et nous avons attiré 5 000 personnes dans les tribunes. Sur la pelouse, c'était compliqué pour nous. L'adversaire était de taille et mettait beaucoup d'intensité physique dans le jeu. On n'avait pas l'habitude et on souffrait à chaque action. Mais au bout d'un moment, on s'est aperçues qu'on tenait tête aux championnes d'Europe. On ne s'y attendait pas et on a terminé le match sur le score de zéro à zéro. Nous étions très heureuses alors que nous n'avions même pas gagné. Aujourd'hui, une équipe de l'OL emplie de bonheur après un match nul, ce serait inconcevable mais ce jour-là ce résultat nous apprenait que c'était possible, qu'il y avait un coup à jouer et que nous avions le niveau.

Les Gunners d'Arsenal : pour les fans de football, ce nom claque comme un coup de fouet, il résonne dans l'histoire et s'inscrit dans la liste des grands d'Europe. Pour la toute première fois, nous avons voyagé en avion privé. En débarquant à Londres, nous en avons pris plein les yeux. Quelle ville ! Puis nous nous sommes rendues à l'hôtel qui n'avait rien de commun avec celui qui nous avait accueillies en Macédoine quelques mois plus tôt. La veille du match, nous ne nous sommes pas entraînées sur le terrain du quart de finale comme l'exigeait le règlement de l'UEFA ; on nous a dirigées vers un autre stade en synthétique mais cela ne nous a pas inquiétées. La présence du président Aulas dans la délégation lyonnaise avait tendance à nous rassurer. Il s'était déplacé à Londres pour ses affaires et pour un dossier concernant les garçons, mais il souhaitait avant tout assister à notre rencontre. Nous concernant, c'était son premier déplacement officiel. La pression montait. Je me suis dit que nous changions de standing dans le pays qui avait inventé le football.

Mais le lendemain en arrivant au stade, je me suis souvenue que l'Angleterre avait également banni des terrains les femmes en 1921. Le stade des Ladies d'Arsenal était planté en banlieue résidentielle, au milieu d'un lotissement, à Borehamwood, à 25 kilomètres de Londres. Il s'appelait Meadow Park et baignait dans un jus du début du XXe siècle. En arrivant, je me suis étonnée à haute voix : « Mais c'est là qu'elles jouent les filles d'Arsenal ? » Ça me paraissait bizarre, cet écart entre le nom ronflant et cette réalité modeste. L'unique tribune couverte était très étroite et n'accueillait ce soir-là que 300 personnes, l'éclairage donnait dans le blafard et la pelouse n'avalait plus l'eau. C'était la raison pour laquelle, la veille, on s'était entraînées ailleurs afin de préserver ce terrain qui n'en pouvait plus. Les trois jours précédents, il n'avait cessé de pleuvoir, en grande quantité, l'endroit était devenu un marécage à la limite du praticable. Mais je savais bien que l'arbitre n'allait pas reporter la rencontre, je pense qu'il ne se posait même pas la question tant la visibilité sur l'organisation du calendrier féminin était réduite. Annuler, cela voulait dire trouver une autre date et là on touchait aux ennuis. Pour ce qui était de la disponibilité des installations, les femmes n'étaient pas prioritaires et comme toujours nous avons fait avec. Malgré cette météo très locale, nous demeurions confiantes même si nous nous attendions à une belle bagarre. Les Anglaises, vexées, revanchardes, avaient l'habitude de ces conditions extrêmes et l'on savait que pratiquer un beau football serait impossible. Pour l'occasion, nous ne portions pas nos couleurs traditionnelles, le rouge et le bleu. Cette saison-là, en Coupe d'Europe, nous faisions comme les garçons de l'OL, nous revêtions une tenue noire à chaque fois que nous ne jouions pas à Lyon. Arsenal a démarré très fort, mais sur notre première occasion Katia a marqué. Sous un déluge, Kelly Smith, qui était une grande joueuse, a égalisé et dans la foulée Arsenal a inscrit un nouveau but. Nous étions menées deux à un et mal embarquées, lorsque sur un de mes centres, Camille a placé un coup de tête vainqueur à quelques secondes de la fin de la première mi-temps. Deux partout : nous étions qualifiées et galvanisées. Dans le vestiaire, nous étions trempées de chez trempées. Nous reprenions notre souffle lorsque le président Aulas a débarqué. Il nous a regardées, interloqué, et a demandé : « Où est le second jeu de maillots ? Vous attendez quoi pour vous changer ? » Nous n'avons pas pu nous retenir : à la pause d'un match capital, nous avons toutes éclaté de rire. Bienvenue chez nous monsieur le président, un maillot nous faisait toute la saison, il n'y avait pas de rechange en cas de cordes pleuvant du ciel. Nous le savions toutes, mais pas le président. Cette découverte l'a mis hors de lui et je voyais bien que ça cogitait à grande vitesse sous son crâne. Il fallait qu'il trouve quelque chose à faire. « Enlever vos maillots, vite ! » Certaines joueuses se sont retrouvées en brassière devant lui. Il a saisi nos tenues et a réquisitionné les autres dirigeants présents. Dans le couloir des vestiaires, ils se sont alors mis à essorer nos équipements, à l'ancienne, comme des lavandières. La porte restait ouverte et ces hommes en costumes, Aulas en tête, faisaient des allers et retours pour déposer et reprendre d'autres vêtements. La scène était surréaliste. C'était le chaos total, on ne parlait plus du contenu de la rencontre, nos maillots à essorer devenaient le principal sujet. Il y eut beaucoup d'efforts de déployés pour pas grand-chose car quand un maillot est trempé, on a beau le tordre dans tous les sens, on reste proche d'une serpillière mouillée. Toutefois, cet instant avait une signification. Par rapport à ce que nous avions prouvé sur le terrain, le président Aulas exprimait un message par son acte. Il mettait les mains dans le cambouis, dans la boue surtout, pour dire qu'il était avec nous quoi qu'il advienne.

Nous sommes retournées au combat, un rien penaudes, complètement gelées, dans cette nuit londonienne et pluvieuse. Les Anglaises nous sont rentrées dedans comme jamais ; il nous fallait tenir, ne rien lâcher. Dans l'affrontement, j'ai reçu un avertissement comme au match aller pour excès d'engagement. On ne se refait pas. Nos adversaires donnaient tout, elles ont même inscrit un but, heureusement refusé pour cause de hors-jeu. Et, à cinq minutes de la fin, Élodie Thomis est partie dans un de ses sprints légendaires. Elle a devancé la gardienne et glissé du bout du pied le ballon en direction de la cage adverse. Il pleuvait tellement que la balle roulait de moins en moins vite et qu'elle est venue mourir juste derrière la ligne. Trois à deux, fin de la pataugeoire. Nous n'avions pas produit de beau jeu, mais toutes ensemble, nous avions fait preuve de caractère. Nos qualités mentales se sont révélées aux autres et à nous-mêmes. Dans des conditions défavorables, nous n'avions rien cédé. Dans mon histoire avec l'OL, ce match reste comme une prise de conscience de notre potentiel. Je me souviens de ces scènes de joie d'après-match, de ce bonheur incontrôlable, de ces batailles avec la boue qui nous avait pourri la soirée. La folie s'est prolongée dans le vestiaire ou pour la première fois, le président Aulas a annoncé qu'il triplait notre prime de match : 5 000 euros. C'était énorme pour nous, dans ma tête ça représentait trois salaires d'une personne lambda et moi, je viens du monde des lambdas.

L'épisode des maillots du match d'Arsenal en disait long sur le chemin parcouru et sur celui qu'il restait à parcourir pour les femmes qui jouaient au football. Après notre qualification, Jean-Michel Aulas a volé dans les plumes d'à peu près tout le monde. Il ne pouvait pas se douter que sa formation féminine était sous-équipée. Ce détail apparent ne cadrait pas avec son projet. Nous avons hérité d'un second jeu de maillots dès la rencontre suivante, mais ça ne réglait pas le problème d'équité avec nos collègues masculins. Dans l'histoire de notre sport, les femmes et les maillots de foot, c'est un chapitre clé, un vêtement qui rappelle que nous ne sommes pas logées à la même enseigne. On a le même maillot mais pas la même quantité. Pour les hommes, le club se montrait plus généreux et à chaque rencontre les joueurs repartaient librement avec au moins une tunique. Pour les femmes en revanche, il y avait juste le bon nombre d'équipements et une joueuse de l'OL qui prenait l'initiative d'offrir son maillot à quelqu'un devait le payer : 130 euros retenus sur son salaire. Une tenue offerte à un supporter, cela signifiait une tenue manquante et à refabriquer. Les choses n'ont évolué que très récemment. Depuis 2023, les Lyonnaises peuvent enfin conserver un maillot et en disposer comme bon leur semble, sans rien débourser. Je me demande quel cerveau humain peut se dire : « Je prévois 1 000 tenues par an pour les garçons et 50 pour les filles » ? Quel directeur de je ne sais quel service peut raisonner de la sorte ? Ce serait quoi l'argument pour une telle décision ? Ce n'était pas le président Aulas qui gérait cette intendance du quotidien, il était occupé par le business, par les résultats sportifs, par des enjeux financiers de taille. Si parfois ça bloquait, c'est qu'il y avait des freins internes difficiles à desserrer.

Lors d'une de mes saisons en tant qu'entraîneure de l'OL, nous avons disputé un match à Guingamp. Le coach de l'équipe bretonne était venu me voir après la rencontre et il m'avait demandé une faveur : le maillot d'Amel Majri. Je me suis sentie mal. Comment lui expliquer la vérité ? Je ne me voyais pas lui dire : « Si je réponds oui à ta demande, je vais mettre Jacky, l'intendant, dans une galère monstre. Il va devoir aller en récupérer un autre dans le stock et l'emmener chez un gars qui va le floquer avec le nom de la joueuse, le numéro, les sponsors. Ça va lui faire des bornes et des bornes de route. Et faire fabriquer des tenues, ce n'est pas son taf. » J'entendais déjà mon homologue de

Guingamp me répondre : « Mais vous êtes l'OL tout de même ! » Oui on était l'OL, j'étais à la tête du plus bel effectif d'Europe, je dirigeais un staff de vingt-six personnes, mais on gérait les équipements comme un club amateur. Alors sans rien dire, je suis allée dans le sac de maillots sales et j'ai pris celui d'Amel. Je me suis arrangée le lundi avec une histoire bancale et l'honneur était sauf. Ces détails je les ai fait remonter à maintes reprises mais au bout d'un moment, quand ça n'avance pas, il convient de s'économiser et de choisir ses batailles. Si, à chaque problème d'équité, je monte au créneau avec la même énergie, je vais me ruiner la santé. Alors, en tant qu'entraîneure, en tant que femme, je lâche parfois l'affaire par dépit. Et puis un beau jour, comme pour les maillots, sans que je sache trop pourquoi, une solution s'impose et on appelle ça une avancée ; moi j'appelle ça du temps perdu.

Après la victoire du 24 novembre 2007 face à Arsenal, le président Aulas nous a offert à chacune notre maillot du match. Ce geste inédit, plus la généreuse prime, signifiait qu'il était heureux de voir son projet franchir un palier. Nous devenions la troisième équipe française à atteindre les demi-finales de la Coupe d'Europe. Avant nous, il n'y avait eu que Toulouse et Montpellier. Dans ma tête, j'étais consciente que c'était bien, mais nous n'avions toujours rien gagné au niveau européen. Battre Arsenal était un bel exploit certes, mais si on ne remportait pas la Coupe, il n'aurait servi à rien. Le tirage au sort nous a réservé l'équipe suédoise d'Umeå. Ça flattait moins que le tour précédent mais dans le monde du football féminin, c'était un nom en Coupe d'Europe. Quatre finales dont deux gagnées en six ans. Leur meneuse de jeu se nommait Marta, une jeune Brésilienne considérée comme étant la meilleure footballeuse de la planète. Nous avons disputé le match aller à Gerland devant 12 375 spectateurs, un record. Notre exploit face à Arsenal avait suscité l'intérêt. Comme j'avais écopé de deux cartons jaunes au tour précédent, je n'ai pas pu jouer cette rencontre. Nous avons encaissé le premier but, puis Louisa Necib a égalisé. Un partout, score final, j'étais frustrée dans la tribune et une semaine plus tard, j'allais ressentir la même sensation mais sur le terrain cette fois. Nous avons joué sur une pelouse synthétique à 500 kilomètres du cercle polaire. Malgré le printemps naissant, il faisait moins 4 °C et il y avait de la neige sur les côtés du stade champêtre. Mais ce n'était pas la météo qui nous engourdissait. Il nous manquait un petit truc en attaque pour aller plus loin. J'éprouvais le sentiment qu'on pouvait jouer des heures et des heures sans jamais marquer. Dans le temps additionnel, j'ai eu une occasion de nous qualifier mais mon tir a fini sa course sur le poteau de la gardienne suédoise. Le match s'est terminé sur un zéro à zéro qui nous fut fatal. Cela faisait un partout sur l'ensemble des deux confrontations mais comme elles avaient marqué un but à l'extérieur et nous aucun, nous étions privées de finale. Ce jour-là, comme Umeá portait un maillot noir, nous avions joué avec notre tenue officielle. « Rouge et bleu sont nos couleurs, lyonnais est notre cœur », disent les paroles d'un chant de supporters de l'OL. Ce jour-là, le maillot, on ne l'a pas gardé.

9

Rouge et bleu ne sont plus nos couleurs

Je me sentais de plus en plus professionnelle dans ma tête et dans mon quotidien. Toute mon existence était désormais conditionnée, rythmée par le foot. Certes, je restais officiellement employée de l'OLTV, mais ce travail était devenu marginal. Entre les déplacements pour le championnat, ceux pour la Coupe d'Europe et les rassemblements de l'équipe de France, j'étais de moins en moins archiviste. Nous allions de plus en plus loin dans toutes les compétitions et nous jouions de plus en plus de matchs. Avec l'OL, le mot « défaite » avait été effacé de mon dictionnaire. La saison 2007-2008 fut pratiquement parfaite. Trente-sept rencontres disputées, aucune perdue. Nous avons conservé le titre de championne et conquis pour la première fois le Challenge de France. Le 3 juin 2008, en finale face au PSG, nous avons disputé le premier match officiel de femmes de l'histoire au Stade de France. Encore une fois, victoire mémorable, trois à zéro. En tant que capitaine, j'avais brandi la coupe devant un public nombreux qui attendait une rencontre des Bleus, les hommes, face à la Colombie. Nous n'étions que la première partie de la soirée mais nous jouions enfin sur une pelouse qui nous semblait interdite, inaccessible, celle sur laquelle dix ans plus tôt, l'équipe de France avait été sacrée championne du monde. J'ai savouré le tour d'honneur avec toutes les copines. Le président Aulas était aux anges, son pari devenait de plus en plus gagnant avec, cette année-là, un doublé « coupe et championnat » pour les garçons et un autre pour les filles. Notre unique marge de progression restait la Coupe d'Europe avec une élimination en demi-finale sans perdre, mais le règlement c'était le règlement, le petit but encaissé à domicile nous avait condamnées. J'attendais avec impatience l'édition 2008-2009.

Vu nos résultats de la saison précédente et notre carte de visite naissante, l'UEFA nous a fait grâce du tour préliminaire organisé en plein été. Nous passions directement au tour suivant. Il prenait à nouveau la forme d'un tournoi à quatre équipes, disputé en un même endroit avec trois matchs en cinq jours. Ce qui aurait été inadmissible chez les hommes devenait la routine chez les femmes. Pour la seconde fois consécutive, Lyon s'était porté volontaire. À Gerland, nous avons donc écrasé les Autrichiennes de Neulengbach, huit à zéro, puis les Suissesses de Zurich, sept buts à un. Le troisième match nous a opposées à un adversaire connu, Arsenal. Les Anglaises n'ont pas pris leur revanche, elles sont même reparties avec une lourde défaite, trois à zéro, signe que nous n'étions plus du tout impressionnées et qu'il fallait désormais nous prendre au sérieux. Le mois suivant, en quart de finale nous n'avons pas fait de quartier face aux Italiennes de Vérone. En cumulant les scores des deux rencontres, ça faisait neuf à un pour l'OL. La demi-finale se profilait, encore. Le tirage au sort nous a désigné Duisbourg, des Allemandes, autant dire le gratin, l'étape ultime à franchir. Tout semblait aller pour le mieux dans le meilleur des mondes. En fait, pas du tout.

En ce mois de novembre, j'étais malheureuse, de plus en plus malheureuse. Depuis la rentrée, je vivais un conflit larvé avec le coach de l'OL, Farid Benstiti. Farid était un proche de Bruno Bini, le sélectionneur de l'équipe de France fraîchement nommé. Dès son arrivée, Bruno avait décidé de me changer de poste. J'étais milieu de terrain depuis toujours et il tenait absolument à me faire jouer arrière gauche. Dans le football, mon moteur a toujours été le plaisir et je n'en prenais pas du tout là où il souhaitait me faire évoluer. Comme je faisais de la résistance, son ami de l'Olympique lyonnais a voulu m'imposer la même évolution. Farid et Bruno, même combat. Une manière comme une autre de me signifier que je n'avais pas le choix et que j'allais m'incliner. Je vivais très mal la situation. Auparavant, Farid me plaçait systématiquement à mon poste de prédilection, au milieu du terrain et là il s'alignait sur les envies de son pote, comme un manque criant de personnalité. Au final, je conservais mon numéro huit fétiche, mais je changeais de rôle malgré moi et ça ne m'allait pas.

Les relations se sont tendues et je venais aux séances d'entraînement avec de moins en moins d'entrain. J'ai même perdu le brassard de capitaine. Dégradée parce que pas d'accord. Je n'étais plus heureuse, pour une fois je subissais les événements et ce n'était pas du tout dans mon caractère. Comme à l'OL les relations avec le président étaient très directes, je m'en suis ouverte à Jean-Michel Aulas. Il en a pris bonne note, mais il a répondu que c'était le job du coach de prendre ce genre de décision et qu'il ne s'en mêlerait pas. J'ai bien essayé de me convaincre que ce changement de poste pouvait être bénéfique pour le collectif, mais j'étais contrariée. J'avais l'impression de redevenir l'enfant que sa mère tentait de persuader de pratiquer le basket plutôt que le foot. Vingt ans plus tard, je revivais la même situation. J'ai tenté à reculons, je faisais semblant mais ce n'était pas moi. À ce nouveau poste, j'avais l'impression de moins courir, de moins participer au jeu, de perdre toute influence sur le déroulé de la rencontre. Je m'ennuyais ferme. De plus, mon ego était blessé et chez les sportifs de haut niveau, l'ego est un point névralgique. Si on mettait quelqu'un d'autre à ma place cela signifiait en creux qu'elle était supposée être meilleure que moi. Mais malgré tout, durant cette période, je n'ai jamais balancé une rencontre, j'étais trop compétitrice pour cela et il était hors de question de planter mes partenaires. J'étais tiraillée et condamnée à dépérir.

L'automne et l'hiver s'annonçaient rudes quand, en décembre 2008, j'ai reçu un mail en provenance de Jim Gabarra, le coach de l'équipe de Washington Freedom. Deux mois plus tôt, j'avais été « draftée », choisie par son club pour la saison 2009. De cette information, je ne savais rien. À l'époque, l'utilisation des réseaux sociaux était anecdotique et les clubs communiquaient entre eux par mail. L'Olympique lyonnais n'avait pas jugé utile de m'informer de l'intérêt de Washington à mon égard. Aux États-Unis, le football féminin était en pleine restructuration avec le lancement de la WPS, Women's Professional Soccer, une nouvelle ligue professionnelle. Chacune des sept franchises inscrites avait le loisir de désigner quatre joueuses étrangères puis de négocier leurs venues. Le coach Gabarra me voulait dans son effectif. En m'écrivant directement, il croyait me relancer, en fait, il m'informait. Suite à son mail, j'avais répondu au coach américain que j'allais réfléchir très sérieusement à son offre. Face à l'OL, j'avais une nouvelle carte dans mon jeu, en *back-up*. Aussi, dans mes interventions, je devenais plus tranchante. J'ai fait comprendre que si on continuait à me faire jouer arrière gauche, je pourrais être amenée à partir. Je me suis montrée très claire et ma position a été très mal perçue. C'était du chantage aux yeux de l'OL. C'était surtout un appel au secours : j'avais perdu le bonheur de jouer au football. Je ne pensais pas que cela pouvait m'arriver.

Comme je ne trouvais aucune écoute face à mon mal-être, j'ai décidé qu'il était temps de partir vers d'autres horizons. Ce n'était pas l'excitation de participer à un nouveau projet qui me poussait vers Washington, mais plutôt la nécessité de mettre un terme à cette période de tension. Je ne me disais pas « génial », je voulais simplement dire « ouf » et échapper à mon spleen. J'ai prévenu Farid Benstiti avec qui je n'ai jamais eu d'affinités. La confiance et l'estime n'existaient pas entre nous. L'échange fut froid et ferme. Je ne lui laissais pas le choix. Il m'a dit que je ne partirais pas. C'était l'impasse. J'ai alors demandé une entrevue avec le président Aulas. Je lui ai à nouveau expliqué la situation. Je lui ai rappelé que je n'étais pas venue à Lyon pour vivre ça, et que les règles avaient changé. Je souhaitais partir pour Washington, point final. Il m'a fait la même réponse que Farid, mais avec un ton très menaçant. Il m'a dit que je pouvais penser ce que je voulais, je ne partirais pas. D'après lui, j'étais tenue par un contrat qu'il me fallait honorer. J'ai alors répondu qu'il avait raison, que j'avais bien signé un contrat à durée indéterminée d'archiviste à l'OLTV et que je lui remettais ma démission. Il ne me restait qu'à effectuer mes deux mois de préavis et bye-bye. Je m'étais informée sur le droit du travail et j'ai rappelé que footballeuse professionnelle, ça n'existait pas en France. La Fédération, via son service juridique, m'avait confirmé que comme il n'existait pas de statut de la joueuse, personne ne pouvait me retenir. Par la suite, Jean-Michel Aulas m'a régulièrement envoyé ses émissaires pour me mettre la pression. Le principal négociateur était Marino Faccioli, le directeur général de l'OL, un personnage imposant et influent. Il a clairement usé de son pouvoir pour m'intimider, pour me harceler. Il n'avait qu'un but, me faire changer d'avis. Il m'a souvent convoquée dans son bureau, il haussait le ton puis finissait par me hurler dessus en me menaçant : « On va porter plainte et tu auras les huissiers aux fesses. » Ce qui fut fait. Des huissiers venaient régulièrement constater que j'étais bien à l'entraînement ou au travail. Je m'étais renseignée auprès de mes proches sur la conduite à tenir afin de rester nickel, irréprochable. Je devais éviter de commettre la moindre erreur. J'ai avisé Jean-Yves Meilland, le directeur de l'OLTV, de mon départ, comme il se doit. Il n'a pas montré d'hostilité à mon égard. Mais la direction du club n'avalait pas la nouvelle. Durant mes deux mois de préavis, j'ai vécu une pression terrible. J'ai perdu 5 kilos. J'étais en dépression. Régulièrement, Marino Faccioli me convoquait pour un coup de pression. Je restais assise un quart d'heure, parfois vingt minutes à le laisser brailler et quand il en avait terminé, il hurlait : « C'est bon, tu peux te casser de mon bureau ! » C'était un rituel violent qui se répétait. Et puis un jour, pendant une de ces séances d'engueulades, lassée de tout cela, je lui ai dit : « Marino, tu sais comment ça s'appelle ce que tu es en train de faire. » Pour une fois, je réagissais et il n'y était pas prêt. Dans la foulée j'ai ajouté :

« Marino, je sais que tu as une fille, je l'ai rencontrée lorsque je suis venue à Lyon pour la première fois.

— Qu'est-ce que tu veux dire avec ma fille ?

— Imagine deux secondes que c'est elle que tu as en face de toi. »

Il a alors littéralement fondu les plombs, il criait comme un fou.

« Tu insinues quoi ? Je suis en train de faire quoi ?

— Tu vois, tu continues. Ça s'appelle du harcèlement.

— Casse-toi, je ne veux plus jamais te revoir. »

Et il a tenu parole. Jusqu'à la fin du préavis, il a cessé son manège. Je dois dire que j'avais préparé ce moment avec mon frère. J'avais répété les répliques qui pourraient le désarçonner et m'apporteraient un peu de paix. Mais Jean-Michel Aulas, m'a convoquée une dernière fois au siège de la CEGID, son entreprise. Là, il a sorti toute l'artillerie. Il m'a affirmé que de toute façon, je ne pourrais pas partir et qu'avec son pouvoir et ses relations, il avait tout ce qu'il fallait pour me bloquer. Je lui ai répondu calmement : « Eh bien faites, monsieur le président. Faites. Faites agir vos relations, faites tout ce que vous voulez mais ma décision est prise. » Cette situation n'avait plus d'issue favorable à mes yeux. Après ce qui s'était passé pendant ces deux mois, je ne souhaitais plus jouer à l'Olympique lyonnais. Même si on me disait que mon départ pour les États-Unis était impossible, je ne voulais plus porter et défendre les couleurs de l'OL. Il m'a alors signifié qu'il irait au bout des choses. Et ce fut la guerre, l'enfer. Un jour, quelqu'un du club m'a présenté un contrat qui me liait à Lyon pour trois ans. J'ai demandé à voir la signature, ce n'était pas la mienne. Une expertise graphologique a confirmé que c'était bien un usage de faux. Dans l'histoire, j'avais été contrainte de prendre un avocat. Il faut dire que l'Olympique lyonnais me réclamait la somme de 500 000 euros de dommages et intérêts. C'était effrayant ce qu'on me demandait, et tout à la fois ridicule. Même si j'avais vendu la maison de mes parents, je ne serais pas arrivée à rassembler autant d'argent. C'était très sérieux et vide de sens. La procédure a duré près de deux ans. Je ne fus pas la seule à vivre ces péripéties juridiques et humaines. La coïncidence a fait que lorsque j'ai reçu la proposition de Washington Freedom, Camille Abily en a reçu une de la franchise de Los Angeles Sol. Camille n'avait aucun souci à l'OL. À la différence de moi, ce qui l'attirait, c'était de vivre une aventure nouvelle. Elle a répondu oui sans hésiter et n'a même pas effectué son préavis pour son poste d'éducatrice du club. Au final, elle s'est retrouvée dans la même situation que moi avec le même enchaînement. Volonté farouche de partir aux États-Unis, refus de l'OL, bras de fer, production d'un contrat avec une fausse signature, sans oublier les fameux 500 000 euros de dommages et intérêts.

Côté américain, le club de Washington avait engagé son service juridique dans la bataille face à l'OL. Los Angeles en fit de même pour Camille. On nous avait garanti un soutien total et pour eux aucun élément juridique ne pouvait bloquer nos venues respectives. Nous avons disputé une dernière rencontre avec l'OL, fin janvier 2009. C'était à Montpellier pour une victoire deux à un, grâce à un but inscrit en toute fin de match et signé Camille Abily. Au revoir la France, *hello USA*. À l'instant où je suis montée dans l'avion, j'ai ressenti un soulagement énorme. Je n'en pouvais plus.

Dépression, perte de poids, harcèlement. Je me suis demandé pourquoi je faisais du foot ; pas pour vivre ça en tout cas. J'avais déjà constaté certaines dérives mais là, le milieu de mon sport, en France, me semblait peu fréquentable. Je me tournais vers un nouveau continent, vers un nouveau départ pour retrouver la joie de jouer.

À l'été 2009, les premiers contrats fédéraux féminins ont été signés. Cela signifiait que la Fédération française permettait enfin aux femmes de percevoir une rémunération financière pour jouer au foot tout en restant joueuses amateur. Pour le professionnalisme, il fallait encore attendre. C'était un progrès bancal mais un gros progrès quand même. Le principal instigateur de cette avancée fut Jean-Michel Aulas. Les cas Camille Abily et Sonia Bompastor l'avaient échaudé. Ils avaient fait jurisprudence en quelque sorte. Aulas avait depuis mis la pression sur la Fédé parce qu'il savait que les États-Unis pouvaient répéter le coup à l'envi et le dépouiller de ses joueuses. Son projet de remporter la Ligue des champions était menacé. Un contrat fédéral, c'était la garantie d'avoir une date de début et une date de fin de l'engagement. La joueuse ne pouvait plus partir comme elle le souhaitait et quand elle le décidait. En échange, elle gagnait de l'argent officiellement. Durant la période de notre conflit, il l'avait tout de suite compris : il était trop intelligent pour ne pas avoir vu la faille dans laquelle je m'étais engouffrée.

Il savait pertinemment qu'il ne pouvait pas grand-chose, mais hors de question pour lui de lâcher l'affaire. Le président était très fâché. Il avait perdu son bras de fer et deux joueuses importantes. En Coupe d'Europe, l'OL, sans nous, avait échoué sans suspense en demi-finale face à Duisbourg. À ce moment-là de mon histoire, je m'étais dit que j'avais désormais un ennemi de taille, un ennemi pour la vie.

10

Freedom à Washington

Après sept années vécues dans le championnat de France, j'en avais fait le tour. Je connaissais tous les clubs, toutes les joueuses. Je montais machinalement dans un train-train pour un cycle d'une saison. Là, c'était le grand vol vers l'inconnu. Je ne connaissais les États-Unis que par les récits qu'en faisait Marinette Pichon que je croisais régulièrement en équipe de France. Marinette avait réussi aux USA, elle était une vraie star, la référence. Elle nous racontait la renommée qu'elle découvrait là-bas et qui provoquait de la curiosité ici. Elle était devenue célèbre en France parce qu'elle avait brillé ailleurs, à Philadelphie puis aux Wildcats de New Jersey. Dans l'avion qui me menait vers Washington au mois de mars 2009, je me demandais si j'allais reconnaître le coach de l'équipe qui venait lui-même me chercher à l'aéroport et si lui aussi m'identifierait. Puis je me suis mise à angoisser sur les premiers mots que j'allais lui dire. Je répétais des phrases toutes faites dans ma tête, histoire de ne pas être trop ridicule. J'avais hâte de découvrir les États-Unis, mais je ressentais une appréhension irrationnelle vis-à-vis de la langue. J'avais un niveau scolaire bac plus deux et je me suis vite rendu compte que ce niveau d'anglais ne me servait à rien, si ce n'était à survivre. Dans le vestiaire de l'équipe, mes partenaires venaient de différents États du pays. Un État, un accent, à chaque fois une langue différente à mon oreille. Entre la vitesse et les prononciations diverses, dès le début, j'ai pris une vague en pleine tête. J'étais submergée, noyée.

Un matin, cela devait faire quatre jours que j'étais arrivée, je me suis rendue à l'entraînement, nerveuse. Je n'avais pas encore digéré le décalage horaire et j'ai commencé à me mettre en tenue dans un concert de bla-bla. Ça partait dans tous les sens, je ne comprenais rien et j'étais épuisée. Jusque-là, j'avais fait des efforts pour présenter le meilleur de moi-même et pour me montrer accessible. Mais intérieurement, le naturel revenait au galop. La guerrière qui était en moi aurait voulu crier : « Vous savez quoi ? Foutez-moi la paix aujourd'hui. Fermez-la ! Ne m'adressez pas la parole. Je suis là mais je ne suis pas là. OK ? » C'était un vrai coup de blues. Je me suis demandé ce que j'étais venue faire dans cette galère à 29 ans. Je me retrouvais un peu comme maman qui débarquait du Portugal, un peu comme quand je suis rentrée à l'école à l'âge de 6 ans et que je ne parlais pas le français. Heureusement, le club m'a très bien accueillie avec des bonnes et belles personnes qui ne souhaitaient que mon bien-être et mon acclimatation. Comme la ligue professionnelle redémarrait après six ans d'arrêt, chaque franchise avait le droit à cinq joueuses étrangères.

À Washington, nous avons vécu toutes ensemble dans une banlieue résidentielle, à Bethesda. Notre quartier était magnifique. La maison qui nous abritait répondait aux dimensions américaines, c'est-à-dire gigantesques. Nous avions chacune une suite, une sorte de studio de 25 mètres carrés auquel s'ajoutaient les parties communes. Il y avait une Japonaise, une Canadienne qui parlait le français et une Australienne qui connaissait le portugais. C'était appréciable au début de pouvoir se poser, de pouvoir relâcher le cerveau et de parler des langues sans y penser. Mais très rapidement, je me suis interdit de parler en français ou en portugais. Je me suis obligée à m'exprimer uniquement en anglais. Le club m'a bien proposé un professeur personnel, à disposition. J'ai préféré refuser. Je souhaitais m'y mettre toute seule et le plus vite possible. Je lisais les journaux, je regardais la télé et je tentais tant bien que mal de m'accrocher au débit à grande vitesse de mes partenaires dans le vestiaire. Ce fut une période qu'il m'a fallu digérer. Heureusement, avec mes deux langues au compteur, et mon oreille habituée à entendre autre chose que du français, j'ai appris très vite.

Sur le terrain, la langue n'a pas été un barrage. Le football est un langage international. Et puis j'ai découvert des astuces. Lorsque le coach expliquait un exercice, je me plaçais au cinquième ou sixième rang de passage. Ça me permettait d'observer puis de copier les autres. C'est là que j'ai compris que je repartais de zéro. En France, dans les ateliers d'entraînement, j'étais toujours en tête de la colonne, à montrer l'exemple, à tirer le groupe vers l'avant. Là, j'arrivais dans un nouvel environnement, je devais m'adapter, observer, faire ma place, jouer la débutante malgré ma grande expérience.

À l'entraînement, la nouveauté qui m'a le plus marquée était l'intensité physique des séances de travail. Sur le plan athlétique, les Américaines étaient des monstres et j'ai vite saisi pourquoi. J'ai terminé certaines fois rincée, lessivée, avec l'estomac retourné. J'avais envie de dire : « Laissez-moi tranquille pendant trois jours, il me faut des vacances. » Je n'avais jamais vécu ça auparavant. Chez eux, c'était culturel. Le coach adorait le travail sans le ballon. On courait à n'en plus finir. J'ai également noté qu'à chaque fin de séance, une personne était dédiée à nos équipements. On laissait nos affaires sur place et la fois suivante on les retrouvait lavées, pliées dans nos casiers. On n'avait pas encore ça à Lyon. Le Washington Freedom était un club à part entière, celui des femmes de Washington qui jouaient au soccer, comme on appelle le football en Amérique du Nord. Les hommes avaient leur propre club, le DC United. Entre les deux, aucune concurrence, aucun lien si ce n'était la ville d'attache et à chacun son identité, à chacun son public. Quand je suis arrivée, la direction de la franchise m'a fourni un véhicule pour que je sois indépendante. Ça m'a permis de découvrir la ville rapidement. Plus je conduisais, plus je croisais des terrains de soccer, et à chaque fois je voyais des petites filles, à foison, qui jouaient. Il y avait une sorte de plaine des jeux juste à côté de nos installations. Des mini-tournois y étaient organisés constamment avec 200 à 300 gamines et aucun garçon. Je me suis dit qu'on n'était pas près de voir ça en France et que là-bas, le soccer c'était pour les filles.

J'ai disputé mon premier match en WPS à la fin du mois de mars 2009 face au Los Angeles Sol. J'ai joué milieu de terrain, *midfielder* comme on dit là-bas. J'avais retrouvé ma place en traversant l'Atlantique. Mais pour cette première rencontre, ce fut une première défaite : deux à zéro avec un but de ma complice, et pour une fois adversaire, Camille Abily. Quand je suis arrivée, il faut bien être honnête, j'étais une parfaite inconnue. Dans l'effectif, Homare Sawa, capitaine de l'équipe du Japon, concentrait beaucoup d'attention médiatique mais la star de l'équipe s'appelait Abby Wambach, championne olympique en 2004 avec la team USA. J'étais impressionnée par le seul fait de la côtoyer au quotidien. Par la force de travail qu'elle dégageait, elle était un monstre sans équivalent. Quel exemple ! Elle était également un monstre médiatique, très prisée des annonceurs. Elle avait des sponsors dans tous les domaines, qu'ils soient sportifs ou extra-sportifs. Elle recevait des colis cadeaux de la part de partenaires commerciaux tous les jours. Une fois, Abby m'a invitée à une opération de communication. Nous étions sur le fleuve Potomac à naviguer sur des Zodiac de l'armée américaine. On nous a laissées conduire des bolides à des vitesses folles aux abords de la Maison Blanche, du Lincoln Memorial, du musée de la Marine américaine. Qui faisait ça dans sa vie ? C'était un rêve éveillé.

Par la suite, j'ai vécu une dizaine d'autres événements qui sortaient de l'ordinaire, mon ordinaire, celui d'une footballeuse française qui avait fui la pression pour trouver le soulagement loin de chez elle. Homare et Abby prenaient toute la lumière et moi je me suis fait connaître petit à petit par mes performances sur le terrain, par mon caractère bien trempé. Comme toujours, je ne lâchais rien, j'étais une teigne, c'était ma marque de fabrique et les Américains m'ont adorée. À force, je suis devenue « Sonia the Frenchie ». J'ai gagné en popularité, puis en visibilité. Les partenaires commerciaux ont commencé à s'intéresser à moi. J'ai été désignée à deux reprises pour participer aux All Star Games, un match réunissant les meilleures joueuses du championnat américain. J'ai ainsi eu la chance de jouer un match dans la même équipe que la Brésilienne Marta considérée aujourd'hui comme une des meilleures footballeuses de tous les temps.

À cette époque, je croisais sur les terrains américains ce qui se faisait de mieux sur la planète. Les meilleures joueuses étaient là, mais pas forcément le meilleur football. Si je devais comparer, je dirais que pour ce qui était de l'intelligence de jeu et de la technique, l'Europe était supérieure aux États-Unis mais pour ce qui était de l'intensité dans les impacts, de la vitesse dans les courses, il n'y avait pas photo : avantage Amérique. Elles ne calculaient jamais leurs efforts et ne connaissaient qu'un seul rythme : à fond, du début à la fin. Il fallait du spectacle et pas de temps morts. Il fallait des buts, il fallait qu'il se passe toujours quelque chose et tant pis pour la gestion tactique. Nos matchs étaient tous diffusés à la télévision sur ESPN, ce qui permettait à ma famille de suivre mes prestations en France. La télé et des stades remplis, le rêve en France, la réalité là-bas. Les supporters étaient complètement différents de ceux que j'avais côtoyés en Europe. Pas la même attitude, pas les mêmes attentes. J'ai compris ce que voulait dire « sport-spectacle ». Ambiance bon enfant, animations à la pause et à la fin du match. Le show comme en

NBA. Notre stade, le Maryland Soccerplex, pouvait contenir 5 800 spectateurs, avec des tribunes très proches du jeu, si bien que l'ambiance y était décuplée. Il était constamment plein. Pour atteindre de telles affluences avec l'OL, il nous fallait une affiche en Ligue des champions. Là c'était tous les jours même pour une rencontre lambda. Les fans étaient fidèles, culturellement attachés au club. Je n'ai pas le souvenir qu'ils accordaient une grande importance à la qualité du football pratiqué. Ils venaient pour autre chose, ils venaient passer un bon moment. Ça commençait pour eux par le barbecue sur le parking avant le match, puis ils avalaient leurs hamburgers, leurs hot dogs et quelques bières. J'ai vite compris que le barbecue était au moins aussi important que la rencontre. Et après les quatre-vingt-dix minutes de jeu, ils profitaient des animations et partageaient un instant privilégié avec les joueuses. On passait toujours un moment avec eux à l'issue de la rencontre. Autre différence notable : on n'avait pas de problème de maillots, on en disposait de deux par rencontre. Alors, on les donnait régulièrement aux fans, ça faisait partie des habitudes, du folklore, et le contraire aurait été très mal perçu. Bien entendu, on ne payait pas pour ça.

Je découvrais l'Amérique et les coutumes américaines. Jour de match aux USA, un autre monde pour moi. En France, j'avais l'habitude de me préparer avec une mise au vert la veille de la rencontre. On se coupait du monde, on faisait corps, on portait toutes la même tenue, celle du club. À Washington, on pouvait débarquer habillée en civil et si on jouait à domicile, on se donnait rendez-vous une heure trente avant le début du match, il n'y avait même pas de repas en commun. Après le *game*, on devait rester au stade car il y avait pas mal d'animations avec les fans, puis on rentrait chez nous. Pour les déplacements, c'était un peu différent. Parfois, il fallait traverser le pays d'est en ouest. Six heures de vol, trois heures de décalage horaire avec San Francisco par exemple. Nous partions donc deux jours avant et nous étions toutes hébergées dans le même hôtel. Une fois arrivées, on nous distribuait des enveloppes avec du cash dedans et avec ce budget chacune faisait sa vie. Le staff donnait l'heure de départ de l'hôtel pour le stade et c'était tout. C'était particulier, inhabituel pour moi, je préférais de loin le système français qui jouait la carte du collectif, du groupe à l'approche d'un match mais c'était leur culture et je m'y suis faite. Durant ma première saison, j'ai marqué dix buts et je n'ai joué que vingt et un matchs. Nous avons perdu au premier tour des *play-off* et mi-août j'étais en vacances. L'année de soccer se limitait à un semestre. Je gagnais donc moins d'argent qu'à Lyon. J'avais un salaire mensuel équivalent mais payé sur six mois seulement, la durée de la saison.

Au mois d'août, au terme de mon premier championnat, Bruno Bini, le sélectionneur de l'équipe de France, nous avait rappelé, à Camille et moi, que si nous voulions rester en équipe nationale, il fallait jouer tout au long de l'année. Nous avions une solution : jouer ailleurs durant la trêve américaine. De toute façon, je ne me voyais pas arrêter le foot pendant six mois en attendant la reprise de la ligue US. J'en ai parlé à mon coach et Camille en a fait de même de son côté. Un prêt semblait possible avec un club français et ce fut le Paris Saint-Germain d'octobre 2009 à fin février 2010. Je suis donc revenue en France pour une pige de cinq mois. J'habitais à Poissy, à dix minutes du Camp des Loges, le centre d'entraînement du PSG. Pour me déplacer, j'avais d'abord emprunté une voiture à mon père avant de m'acheter un scooter.

Comme je n'étais là que pour un bref passage, je n'ai pas signé de contrat fédéral et je suis repartie dans un fonctionnement à l'ancienne. Je jouais au plus haut niveau français et je travaillais à mi-temps pour le service des sports de la commune de Saint-Germain-en-Laye. Le mercredi, je donnais un coup de main au centre aéré en tant qu'animatrice. Les midis, je surveillais les cantines scolaires et le soir, j'encadrais les études et l'aide au devoir. J'étais loin de mon confort américain, mais ça ne me posait aucun problème. Je me suis adaptée en deux secondes et j'ai redécouvert le football féminin à la française. Avec le PSG, nous nous entraînions à partir de 19 h 30, nous courions en plein hiver dans la forêt de Saint-Germain. Au travail, je devais garder les gamins jusqu'à 18 h 30, mais bien souvent des parents téléphonaient pour annoncer qu'ils étaient coincés dans le RER et qu'ils seraient en retard et j'étais donc en retard à l'entraînement. Parfois, des mômes me demandaient de rester plus longtemps pour terminer leurs devoirs. Chez eux, personne ne maîtrisait le français et ils comptaient sur moi pour les aider. Ça me touchait énormément. J'étais vite revenue dans la vraie vie, rude et dense. Parmi ces gosses, il y avait des petits plus difficiles et des gamins en demande d'attention. Je me souviens des moments de surveillance à se geler dans la cour et des instants de fatigue où je m'endormais malgré moi dans les dortoirs avec les enfants. J'avais à nouveau bouleversé mes conditions de vie en un claquement de doigts.

À Washington, je m'entraînais le matin, ce qui était pour moi le kif absolu. À Paris, c'était le soir après le turbin, comme à mes débuts, deux décennies auparavant. J'étais de retour à mon appart hôtel de Poissy vers 23 heures. J'ai disputé mon premier match de championnat avec Paris à Soyaux, en Charente. Ma rencontre précédente c'était en *play-off* à New York. Malgré tout ça, le PSG fut une parenthèse que j'ai adorée. Nous avions une super équipe et quand nous nous sommes déplacées à Lyon pour jouer l'OL, nous les avons bousculées. On menait un à zéro, les

Lyonnaises n'étaient pas dans un grand jour et à la toute fin du match, Sandrine Brétigny est sortie du bois pour égaliser. Ce match était très particulier pour moi ; si j'avais eu le choix, je ne l'aurais pas joué et je ne serais même pas venue à Lyon. J'étais en France pour garder le rythme de la compétition, pour assurer ma place en équipe nationale. Je n'étais pas là pour battre l'OL. J'ai évité le regard du président Aulas ; il en a fait de même. On s'ignorait cordialement. Dans ma tête, je n'étais pas à l'aise du tout, mais une fois sur le terrain, je restais une compétitrice et j'ai mis de côté mes états d'âme. À la moitié du championnat de France, avec mon retour et celui de Camille, le Paris Saint-Germain était en tête devant l'Olympique lyonnais.

Je suis revenue à Washington au début du mois de mars 2010. J'ai retrouvé le même coach, le même staff, le même effectif. Le grand changement pour moi allait se situer hors du terrain. Un jour, les membres d'une famille de supporters qui ne manquaient aucun match à domicile sont venus faire une demande très particulière au club. Ils voulaient devenir ma *host family*, ma famille d'accueil. Ils souhaitaient m'héberger chez eux pour la saison. Les parents, Amy et Ted, étaient de riches avocats qui œuvraient près de la Maison Blanche. Ils avaient une fille âgée de 16 ans qui pratiquait le soccer et qui était une de mes admiratrices. Durant ma première saison, j'avais performé, j'étais la Frenchie, la chouchoute du public. La maman parlait un peu le français et ça lui faisait tellement plaisir de pouvoir utiliser son savoir. Une des dirigeantes du club m'a relayé la proposition singulière. J'ai repoussé poliment la requête, mais elle a insisté : « Je te propose de les rencontrer et après tu verras. » Je me suis rendue chez eux et là je me suis dit en moi-même : « C'est ça être blindé ! » Je suis tombée sur une maison de film américain. Le couple m'a accueillie et j'ai découvert des gens adorables, bienveillants, protecteurs. Après m'avoir présenté leur fille Emily, ils m'ont fait visiter les lieux. Trois étages immenses. Ils m'ont dit que si j'acceptais, je vivrais au troisième dans un espace incroyable avec une petite cuisine, une chambre, une salle de bains, un salon. Nous sommes ressortis de la maison et j'ai trouvé une nouvelle dépendance à l'écart, un appartement de 70 mètres carrés qu'ils réservaient à leur famille quand elle était de passage à la capitale afin qu'elle soit tranquille. Puis j'ai passé un bon moment à échanger avec Emily qui était en fait une fan absolue. Je suis rentrée chez moi et, après avoir hésité, j'ai dit oui. Je ne voulais pas briser le cœur de la gamine qui me voyait déjà habiter chez eux et je me disais que c'était l'opportunité unique de m'imprégner du pays, de vivre à l'américaine, immergée au sein d'une famille. J'ai partagé avec eux Thanksgiving, les anniversaires, toutes les fêtes. Parfois, le couple d'avocats s'absentait une semaine pour une grosse affaire à plaider. Ils me laissaient la maison, sans souci. J'en ai appris beaucoup sur la confiance et l'hospitalité. C'était exceptionnel. Un jour, j'ai annoncé que ma famille souhaitait venir de France pour me rendre visite à Washington et que j'étais à la recherche d'un bon hôtel dans le coin. Ils m'ont fait comprendre que si mes proches ne séjournaient pas chez eux, ils pourraient se fâcher. Du coup, mon frère, ma belle-sœur et mes deux neveux se sont installés dans la petite dépendance près de la maison pour trois semaines. Aujourd'hui encore, je reste en contact avec Amy et Ted, ces personnes que jamais je ne pourrais oublier.

Durant mes deux ans passés aux États-Unis, j'ai vécu l'expérience à fond, j'ai visité les plus grandes villes, traversé les plus belles régions. Dès que j'avais un peu de temps libre, je prenais la route ou l'avion. New York, Philadelphie, Boston, Chicago, Los Angeles, San Francisco, les plages d'*Alerte à Malibu*, les parcs fréquentés par les stars, etc., et moi d'un coup j'y étais. Ça claquait d'être là. Je partais parfois avec des coéquipières américaines qui me faisaient découvrir des lieux insoupçonnés. Je voulais kiffer cette expérience américaine et je n'ai pas été déçue. Washington était à mes yeux une ville magnifique, ma préférée, il y faisait bon vivre ; elle était très européenne au fond dans son aspect. Comme une loi limitait la hauteur des bâtiments à 40 mètres, je ne voyais aucun gratte-ciel. On était loin de la *skyline* new-yorkaise et de son horizon saturé de buildings.

À Washington, niveau culture c'était fou. Tous les musées étaient gratuits. Je me suis régalée, j'ai croqué dans ce mode de vie à pleines dents. Merci le soccer.

Durant ma seconde saison, j'étais plus émoussée physiquement et moins régulière dans mes performances. Les allers-retours entre la France et les États-Unis commençaient à peser sur mon organisme, tout comme les blessures et la trentaine qui se profilait. Et puis l'année précédente, personne ne me connaissait, j'étais la surprise totale pour tout le monde, j'ai pu ainsi profiter d'une certaine liberté sur le terrain. Là, c'était fini, on me surveillait et c'était plus compliqué de surprendre. Toutefois, j'ai continué à entretenir ma réputation de joueuse qui n'abandonnait jamais. À Atlanta, à la cinquième minute de jeu, je me suis retrouvée en duel aérien. Choc, tête contre tête avec McCall Zerboni, tout le monde au sol. Mon adversaire a été transportée à l'hôpital pour des examens complémentaires. Moi, j'avais l'arcade explosée et je ne m'en rendais pas compte. Je m'étais relevée rapidement, prête à y retourner, mais là j'ai vu la panique dans les yeux de l'arbitre et j'ai senti un liquide chaud qui coulait sur ma tempe. Je saignais abondamment et le staff médical a demandé mon remplacement. Mais moi je me sentais bien, alors j'ai refusé le changement de joueuse voulu par le doc. Plus il insistait, plus je résistais. Il m'a dit : « Sonia, il te faut au moins dix points de suture. » J'ai alors répondu que s'il était capable de me les poser dans le vestiaire, je retournais au combat. Pendant que l'on m'opérait à vif, l'équipe a dû jouer à dix pendant vingt minutes. Abby Wambach ne cessait de hurler contre le coach qui n'effectuait pas le changement, mais je suis revenue sur le terrain avec un magnifique bandeau blanc qui enserrait ma tête. Puis j'ai délivré un centre qui a donné le second but à Abby. La presse m'a alors surnommée « Badass », la dure à cuire. Aujourd'hui en tant que coach, je dirais non à une joueuse qui voudrait faire la même chose, trop dangereux. J'ai joué une série de six matchs avec un pansement géant autour du crâne et cela a contribué à ma renommée. Ma saison se poursuivait tranquillement quand un beau jour du mois de juin, j'ai reçu un coup de téléphone de France. Au bout du fil, c'était Patrice Lair, mon ancien coach de Montpellier. « Allô Sonia, tu ne sais pas ce qui m'arrive ? Le président Aulas vient de me demander de reprendre l'OL. Je lui ai répondu que je ne deviendrais son entraîneur qu'à condition que Camille et toi vous reveniez à Lyon. T'en penses quoi ? » Visiblement, Patrice ne connaissait pas la situation.

11

Rendez-vous à Craven Cottage

Les intimidations de l'OL, la rupture difficile, les 500 000 euros de dommages et intérêts, j'ai tout passé en revue durant notre échange téléphonique. Patrice commençait à comprendre pourquoi un retour à Lyon me semblait impossible. Il m'a alors demandé un délai afin d'élaborer sa stratégie auprès de Jean-Michel Aulas. En quelques semaines, il m'a rappelée quatre ou cinq fois et il dressait avec précision un rapport de ses discussions. Au départ, le président ne voulait même pas entendre parler de nous, ce qui n'était pas une information en soi. Mais Patrice était têtu, obstiné comme une mule. Il m'a posé une question nette : « Si j'arrivais à le convaincre, est-ce que tu reviendrais ? » J'ai répondu qu'honnêtement je ne savais pas, que je vivais une très belle aventure sans nuages à Washington mais que la France commençait à me manquer, j'avais le mal du pays. Entre chaque appel de Patrice, j'avais du temps pour réfléchir. Et un élément déclencheur m'est apparu. Je venais d'avoir 30 ans et la Coupe du monde en Allemagne se profilait l'année suivante. C'était sans doute ma dernière chance d'y participer. Si je jouais dans un club français, je ne subirais plus le contrecoup des voyages, du décalage horaire. Je pourrais me préparer et mes chances d'être performante devenaient plus assurées. De complètement fermée, la porte passait à entrouverte de mon côté.

Et puis, à force de négocier, Patrice m'a un jour annoncé que le président Aulas était d'accord pour mon retour et pour celui de Camille. J'avais du mal à le croire, mais je connaissais la force de conviction de Patrice. Il m'a alors demandé si le président pouvait m'appeler. J'ai répondu « non » sans hésiter. Je n'avais aucune envie d'un échange au téléphone, je souhaitais en revanche le rencontrer afin de remettre les choses à plat en face à face. J'étais encore blessée par ce que j'avais vécu et je ne me sentais pas du tout à l'aise de discuter de tout cela à distance. En mon for intérieur, je savais que je revenais pour Patrice. La confiance avec Jean-Michel Aulas avait été rompue et je pensais qu'elle ne reviendrait jamais. À ce moment-là, je considérais encore qu'il s'était mal comporté à mon égard. Il demeurait le mec influent qui m'assignait en justice parce que je lui avais résisté. La cour, les magistrats, les avocats, il connaissait ce monde-là par cœur et moi pas du tout. Au téléphone, Patrice me parlait du seul objectif qui le motivait : gagner la Ligue des champions. J'ai répondu banco, mais j'ai ajouté un autre objectif. Je voulais la garantie que la procédure s'arrêterait. Je voulais être libérée et je savais que je ne me sentirais soulagée qu'après ma rencontre avec le président, les yeux dans les yeux. J'avais besoin de ce moment.

J'ai informé Washington de la situation. J'avais signé avec eux un contrat de deux ans avec une option bilatérale pour une troisième année. J'ai assuré le club que j'irais au bout de mon engagement initial, mais que je ne souhaitais pas prolonger. De leur côté, ils ont levé l'option avec élégance. Ils auraient pu me bloquer, me faire des ennuis, mais le coach Jim Gabarra a compris ma motivation. Il aurait voulu me garder une saison de plus, mais l'argument de la Coupe du monde l'a convaincu que c'était mieux pour moi. Humainement, cet homme a été magnifique surtout quand on se souvient que c'était lui qui avait sécurisé juridiquement ma venue à Washington avec les avocats de la franchise. Il avait du mal à comprendre que je veuille retourner à Lyon avec Aulas, mais il m'a soutenue. Avec Washington Freedom, nous avons été éliminées au premier tour des *play-off*. De son côté, Camille a remporté le titre de championne des États-Unis avec le FC Gold Pride de Santa Clara, Californie. Notre belle parenthèse américaine se refermait à l'automne 2010.

Après une semaine passée chez papa, je suis arrivée à Lyon pour emménager dans un appartement que je partageais avec Camille, rue Garibaldi. L'OL avait à disposition une batterie de logements dans lesquels certaines joueuses étaient logées par deux. J'ai posé les valises, mais je n'avais qu'une seule hâte : le rencontrer. J'ai retrouvé le président Aulas dans son grand bureau au siège de sa société. J'étais accompagnée de Camille et ce fut très bref. Il nous a dit que sans Patrice, on ne serait jamais revenues à Lyon. Il nous a dit ce qu'on savait déjà, c'est-à-dire que le coach avait énormément insisté et qu'il croyait dur comme fer à la victoire en Ligue des champions avec nous. Il a ajouté qu'il espérait que Patrice ne se trompait pas et il a conclu en soulignant que ce qui s'était passé était derrière lui désormais et que la procédure était abandonnée. Deux minutes, trois au plus pour tout effacer. À ce moment, j'ai compris qu'il n'y avait rien de personnel contre nous. Dommage de ne pas l'avoir su plus tôt. Il était juste un homme d'affaires qui faisait appel à ses avocats dès lors qu'il rencontrait une contrariété. C'était son quotidien. Nous n'étions que des dossiers et nous devenions des dossiers classés. Il ne nous a pas accueillies à bras ouverts, il n'a formulé aucun regret, on sentait même qu'il avait encore un peu la rage et qu'il nous attendrait au tournant. La décision de nos retours était avant tout celle de Patrice Lair. J'étais soulagée du poids de la menace juridique, mais j'ai ressenti dès lors une nouvelle pression sur les épaules : celle du résultat. Pour le président, l'objectif ultime était que l'OL devienne champion d'Europe. Il comptait sur nous presque malgré lui. En dépit de ce ressentiment retenu, je dois dire qu'il nous a offert les meilleures conditions. J'ai signé un nouveau contrat à l'Olympique lyonnais, mon premier contrat fédéral. Je percevais 10 000 euros brut par mois. J'avais droit à une prime de talent de 15 000 euros, une autre de 16 000 pour le titre national et une dernière de 30 000 en cas victoire en Ligue des champions.

Nous avions une équipe de tueuses. Nous étions un rouleau compresseur qui écrasait tous les adversaires sur son passage. J'ai tout de suite été titulaire, je m'éclatais sur le terrain et le coach m'a finement redonné le brassard de capitaine au bout de quelques matchs. Patrice Lair était mon référent au quotidien, celui en qui j'avais confiance. Ça m'allait bien. Notre entraîneur était d'une exigence extrême. Il était naturellement intransigeant. Il nous faisait travailler dur, il se montrait tatillon sur le moindre détail, il voulait tout gagner, il voulait tout balayer. À cette époque, il était le coach qu'il nous fallait. Dans son discours, il était motivant et piquant à la fois. Il n'évitait jamais les prises de bec et de tête. Il lui est arrivé de me renvoyer aux vestiaires sur une séance d'entraînement parce qu'il n'était pas satisfait de mon rendement. Quand il était furibard, il m'appelait par mon nom de famille. Quand j'entendais : « Bompastor, tu me fais chier ! », ce n'était pas bon signe. Ce genre de communication ne m'affectait pas, je savais ce qui se cachait derrière. Il voulait que l'on reste concernées en toutes circonstances. Quand on était une joueuse de l'Olympique lyonnais à cette époque, le titre de championne de France était devenu une banalité, le strict minimum. On conservait le titre sans partage depuis 2007. Nous avions éradiqué la concurrence en France et même sur le continent. L'unique opposition valable se situait au niveau européen chez les Allemandes. L'objectif qui hantait les esprits des joueuses et du staff était la Ligue des champions. Alors pour éviter que nous sombrions dans la routine du championnat et dans le relâchement, Patrice nous martelait cet objectif dans toutes ses prises de parole, il était obnubilé par ce trophée et l'essentiel n'était pas de participer : « Ne vous cassez pas la tête les filles, on va y aller en finale et on va gagner parce que vous êtes les plus fortes. » C'était gonflé comme prise de position mais, à force de le répéter encore et encore, nous devenions toutes focus sur l'échéance. Toutefois, je pense que nous étions trois à subir une pression particulière, une petite charge en supplément. Patrice, Camille et moi. Le coach et les deux indésirables de retour. Le président Aulas s'était assis sur son ego et nous avions intérêt à lui donner raison. Comme prévu, nous avons survolé le championnat. Uniquement des victoires, aucune défaite. Comme escompté, nous nous sommes qualifiées pour la finale de la Ligue des champions en battant au passage Arsenal en demi-finale avec un record d'affluence à Gerland avec plus de 20 000 spectateurs. La réussite de notre saison allait se jouer sur un seul match, celui pour lequel j'étais revenue. Depuis le début, j'avais coché la date sur le calendrier : 26 mai 2011, rendez-vous à Craven Cottage.

À Londres, la délégation lyonnaise était plus importante qu'à l'accoutumée. Nous étions une soixantaine de personnes du club dans l'avion : toute la direction était présente, signe que tout le club se sentait concerné. À l'aéroport, le bus aux couleurs du club nous attendait. Il n'y avait jamais eu autant de médias pour une de nos rencontres et nos familles devaient venir avec les autres supporters par un vol spécial le jour du match. Nous étions en finale face aux tenantes du titre : les joueuses du club allemand du Turbine Potsdam. L'année précédente, elles avaient décroché le trophée face à l'Olympique lyonnais dans une longue et cruelle séance de tirs au but. On dit cruelle quand on la perd, on dit historique quand on la gagne. Elle fut surtout interminable et fatale à l'OL. Un an plus tard, on prenait les mêmes et on recommençait. La veille de la rencontre, nous nous sommes entraînées au stade de Craven Cottage dans le quartier de Fulham. La séance était catastrophique, pourrie de A à Z. On ratait tout ce qu'on pouvait. On n'y était pas du tout, signe d'une certaine fébrilité face aux enjeux du lendemain. Notre statut était celui de « looseuses ». Nous n'avions toujours rien gagné au niveau européen et nos adversaires en étaient déjà à deux Ligues des champions. Comme il se devait, nous nous sommes pris une soufflante de la part de Patrice. Nous sommes rentrées à l'hôtel, la soirée et la nuit furent plutôt bonnes et au petit-déjeuner : surprise.

Pour la première fois de ma carrière, nous étions à la une du journal *L'Équipe* avec comme titre : « Oh, elles en rêvent ». La page trois nous était entièrement consacrée. Nous étions tellement contentes, comme des gosses. J'ai alors dit à un journaliste de l'OLTV qui me demandait ce que ça me faisait : « C'est bien mais demain, il faut qu'il y en ait encore plus. Demain, il faut quatre pages. » Nous sentions que nous attirions l'attention au-delà de Lyon et du petit monde du football féminin. C'était le jour du match et il nous fallait assumer ces attentes nouvelles. Pour cette occasion exceptionnelle, nous avons agi comme d'habitude. Balade, sieste, préparation, causerie. À un moment donné, un bruit assourdissant nous a interpellés, celui de la pluie qui tombait sur Londres. Un orage comme j'en avais rarement vu. Puis avec l'accalmie, l'heure du départ est arrivée. Notre chauffeur de bus avait consciencieusement répété le trajet qui nous menait de l'hôtel au stade, il le connaissait par cœur. Ce qu'il connaissait moins, en revanche, c'était les bouchons londoniens de fin d'après-midi. Nous nous sommes englués dans un flot de véhicules. Nous étions bloqués de chez bloquées et la marge de temps que nous avions prévue se réduisait de plus en plus. À l'époque, nous ne bénéficiions pas encore d'escorte policière pour nous prémunir de telles situations : nous étions comme tout le monde, mais avec une Ligue des champions à jouer. Dans ces moments-là, Patrice n'était pas le meilleur pour amener de la sérénité, il était du genre à ajouter du stress au stress, il a pété les plombs sur le pauvre chauffeur. Voyant les minutes défiler, quelques leaders du groupe ont décidé que nous devions nous changer dans le bus, histoire de gagner du temps. Nous avons récupéré nos sacs dans la soute et nous nous sommes mises en tenue. Il y avait mieux comme préparation d'une finale. D'habitude, sur un trajet vers le stade, on avait le temps de jouer le match dix fois dans nos têtes, avec une part de doute qui pouvait arriver. Là, ces pensées étaient balayées ; nous étions en panique totale. Nous pensions atteindre Craven Cottage à la cool, deux heures avant le coup d'envoi. Finalement, quand nous sommes arrivées à bon port, il ne nous restait que cinquante minutes. Nous avons filé au trot vers notre vestiaire vétuste, nous y avons laissé nos affaires à l'arrache, avant de regagner le terrain pour l'échauffement sur une pelouse complètement détrempée. Ça partait dans tous les sens. On ne savait plus où on en était et le match est arrivé très vite. Nous étions dans le stress et pas du tout sereines, mais nous n'avions pas eu le temps de gamberger sur l'enjeu de la finale. Ça nous a peut-être aidées. Nous sommes repassées par le vestiaire. J'ai enfilé mes chaussures trop grandes et mes deux paires de chaussettes pour combler le vide, j'ai balancé mon discours d'avant-match et c'était parti. À l'entrée de la pelouse, le trophée de la Ligue des champions nous attendait, posé sur son présentoir. Les deux équipes, les capitaines en tête, devaient pénétrer sur la pelouse en file indienne, de part et d'autre du trophée. J'avais décidé de passer devant sans jeter un coup d'œil. J'ai tracé tout droit pour ne pas me porter malheur.

Malgré toutes les péripéties d'avant-match, nous étions confiantes et puis est arrivée la vingt-sixième minute. Élodie Thomis est partie dans une série de dribbles qui ont mis les défenseures allemandes en peine. Elles s'en sont tirées en envoyant la balle en corner. Vingt-septième minute, c'était à moi de jouer. Avec Patrice, nous avions répété l'exercice, nous avions délimité des zones précises. Je devais tirer soit très tendu au premier poteau, soit au second plus aérien. Mais avec mes grandes pompes adaptées à mon pied à la dernière minute, j'ai oublié les répétitions, j'ai fait comme j'ai pu. Je n'avais que deux pas d'élan possible sur ce terrain étroit et glissant. Mon corps s'est retrouvé en arrière et du coup, le ballon s'est envolé très haut, trop haut, beaucoup plus loin que prévu. Quand j'ai regardé la trajectoire, je me suis dit que ce n'était pas ça qui allait les mettre en galère.

Et puis j'ai vu Amandine Henry qui s'élevait dans les airs et qui effectuait une belle remise de la tête devant la cage allemande, j'ai distingué au loin un cafouillage avec Lotta Schelin et Wendie Renard qui a mis le bout de son pied gauche. Le ballon a pris une éternité à terminer sa course dans les filets. Du poteau de corner, j'avais tout vu et je fus la première à sauter dans les bras de Wendie. Nous menions un à zéro à la pause. Le rêve prenait forme ; on y croyait vraiment. Et puis en deuxième période, Lara Dickenmann, sur un centre d'Eugénie Le Sommer, a envoyé tout le monde au paradis d'une splendide frappe dans le petit filet. J'étais juste derrière elle et j'ai pu goûter ce geste libérateur. Après le but, Lara est partie dans une course en apesanteur et elle m'est tombée dans les bras. Nous étions toutes folles de joie, euphoriques. Deux à zéro, nous étions sur le toit de l'Europe et quand l'arbitre a sifflé la fin de la rencontre, mon premier sentiment fut le soulagement d'avoir réussi notre pari. Toute la pression subie disparaissait.

Nous étions revenues pour ça, pour gagner, et nous l'avons fait. Puis assez rapidement, j'ai ressenti une immense fierté. Celle d'être les premières Françaises à gagner la Ligue des champions. Cela signifiait qu'il n'y avait pas meilleure équipe que nous : nous étions les plus fortes. À l'issue de la rencontre, Camille Abily a été élue meilleure joueuse du match. Nous avions fait le job. Dans les tribunes, j'ai aperçu mes proches, j'étais très heureuse qu'ils soient là pour vivre ça. J'ai rapidement récupéré mon neveu afin qu'il puisse partager le moment avec nous sur la pelouse. Les scènes de liesse ont duré de longues minutes avant la cérémonie de remise du trophée. Pour une fois, Potsdam passait avant nous pour récupérer les médailles des perdantes. Ça faisait plaisir quelque part de voir les Allemandes chuter, nous avions tellement galéré face à elles. Un peu à votre tour, les filles ! Puis ce fut notre moment. Chacune d'entre nous est montée dans la tribune d'honneur pour recevoir sa médaille, les unes derrière les autres. En tant que capitaine, je suis passée la dernière. Michel Platini, président de l'UEFA, m'a tendu la coupe et m'a glissé à l'oreille : « Je ne devrais pas dire ça, mais je suis le plus heureux du monde que ce soit une équipe française et que ce soit l'OL qui ait gagné ce soir. » Si, quand j'étais gamine, on m'avait dit qu'un jour Michel Platini me remettrait la Coupe d'Europe, j'aurais crié au fou. J'ai brandi la coupe avec Laura Georges. Le trophée était très lourd, je ne l'ai découvert qu'à ce moment précis. Je ne voyais pratiquement plus le stade, je ne voyais plus que la Coupe et le groupe. Puis nous sommes redescendues sur la pelouse et nous avons posé indéfiniment pour des photos avec le trophée.

Nous avons repris l'avion quelques heures après la remise de la coupe. Dans l'appareil affrété par l'OL, il y avait 150 personnes. Nos familles étaient là. Il faut savoir que j'ai une peur bleue des voyages aériens. Comme l'ambiance était survoltée, personne n'était assis et ils ont tous commencé à chanter « Qui ne saute pas n'est pas lyonnais » avec la chorégraphie qui va avec, en plein décollage. Si j'avais pu, je les aurais tous mitraillés. Je me suis mise à insulter tout le monde : « Fermez vos bouches, asseyez-vous et attachez-vous ! » J'invitais le personnel navigant à faire preuve d'autorité mais eux restaient cool, l'habitude des vols privés sans doute et l'envie de partager la fête, alors que moi j'étais en mode panique. De toute façon, ça n'arrêtait pas de chanter, une heure trente de fête en haute altitude. Nous sommes arrivés à Lyon, les familles sont rentrées dormir et nous avons récupéré nos voitures. Le président avait réservé une boîte de nuit. Sur le chemin, en cortège, nous avons organisé un concert de klaxons genre mariage, en plein centre-ville. Il devait être 3 heures du matin et nous nous sommes toutes quittées très tard ou très tôt… Notre groupe était excellent et en le regardant j'éprouvais un sentiment de plénitude : j'avais fait de ma passion un métier et je venais d'atteindre le sommet avec ces filles.

J'avais commencé le foot enfant pour m'amuser avec mes copains et j'ai gagné la plus belle des compétitions de club. Je repensais à ce parcours et naturellement à ma mère qui m'accompagnait par l'esprit dans les grands moments de ma vie. Mon père n'était pas venu à Londres, il a regardé le match à la télé. Il fut le premier que j'ai appelé. Entre nous, comme d'habitude, la pudeur tel un paravent, mais il était fier de sa fille. À partir de cette victoire, le regard des autres a changé à l'extérieur mais d'abord à l'intérieur du club. Nous avions arraché le respect et la légitimité dans nos propres murs en gagnant. Auparavant, tout le monde ne nous reconnaissait pas. Certains ne savaient même pas qu'ils croisaient des footballeuses de l'OL. Avec la Ligue des champions, la considération ne s'arrêtait plus au simple fait de dire « bonjour ». J'ai immédiatement constaté que, dans le quotidien, les échanges duraient plus longtemps. Je pense que pour beaucoup avant ce 26 mai, ce que nous faisions n'était pas légitime. Pour les salariés, les dirigeants, les coachs, les joueurs, le fait de gagner un pauvre championnat de France féminin ne signifiait rien du tout. Il faut se souvenir qu'entre 2002 et 2008, l'OL écrasait le foot français. C'était eux les boss, c'était eux les patrons. Ce qu'on réalisait n'avait rien d'exceptionnel à leurs yeux. À l'OL, il y avait le groupe pro garçons et le reste du monde. On faisait partie du reste du monde. Nous n'étions pas prioritaires pour les terrains d'entraînement, nous étions traitées comme des joueuses de foot amateur. Nous n'étions qu'une simple équipe de l'Olympique lyonnais comme il y en a tant chez les jeunes. Nous portions le même maillot que les hommes, mais nous ne symbolisions pas du tout le haut niveau. Même si le président Aulas combattait avec vigueur cet état d'esprit, je sais que certains pensaient : « Vous gagnez le championnat de France parce que vous avez les meilleures joueuses et que les autres, elles ont des "pin pins". Il n'y a aucune gloire à ça. » Le 27 mai 2011, pour la première fois, on parlait plus de nous que des garçons. Nous avons pris notre place dans ce club, ça en faisait tiquer plus d'un, mais les connaisseurs, les vrais professionnels savaient que nous n'en étions pas arrivées là sans travail et sans abnégation. Nous les avions forcés à nous respecter.

Trois jours à peine après la finale, nous devions disputer la dernière rencontre du championnat face à Toulouse, une rencontre délocalisée à Montauban. Nous avions l'impression de planer sur notre sport, nous étions déjà championnes de France et d'Europe mais Patrice voulait nous imposer sa rigueur légendaire. Il était primordial à ses yeux de gagner encore et encore pour réaliser le parcours parfait. Pour ce dernier match de la saison, nous sommes passées en mode free-style. À l'hôtel, dans la salle de repas, le coach ne voulait pas déroger à sa routine. Il utilisait un paperboard sur lequel il inscrivait le planning de la journée : les heures de repas, de coucher et de départ pour le stade. Je me suis levée, j'ai arraché la feuille, je l'ai déchirée et je lui ai dit : « Mais on s'en fout de ton programme, Patrice ! Fais pas chier ! On va le gagner ton putain de match, même si je joue gardienne on va le gagner. Alors fous-nous la paix ! Aujourd'hui c'est nous qui décidons, on prend le pouvoir. » Patrice était entre rage et rire. Il a bien essayé de bougonner un « C'est moi qui commande » et j'ai répondu : « Tu ne commandes rien du tout. Tu ne vas même pas constituer l'équipe. » Nous remettions en cause son autorité mais c'était bon enfant. Toute l'année, il nous en faisait voir, c'était notre tour, et j'étais la porte-parole du groupe. On ne s'était jamais permis de faire ça, mais c'était le bon moment. Il faut l'admettre : sans lui, on n'aurait certainement pas eu cette niaque nécessaire pour décrocher les étoiles. À Montauban, nous avions apporté la Ligue des champions et nous avons été reçues dans une liesse qui faisait chaud au cœur. Après le match, nous sommes restées longtemps avec le trophée à échanger avec tout le monde. Les Toulousaines étaient aussi heureuses que nous. Notre victoire était la leur. Cette dernière rencontre, nous l'avons remportée cinq à un. Ça faisait vingt-deux victoires en championnat sur vingt-deux matchs. Carton plein, le coach était satisfait et il a terminé sous la douche tout habillé, comme il se devait.

Après la fin du championnat, le président Aulas nous a conviées à Saint-Tropez où il possédait une résidence. C'était symbolique, signe une nouvelle fois d'une considération grandissante. C'était une manière de nous récompenser. Trois jours à profiter de la vie, à fêter nos victoires. Hôtel cinq étoiles, restaurants sur la plage, boîte de nuit, Jet-Ski. C'était l'opulence. Je pouvais enfin relâcher la pression de ma saison qui finalement ne s'était jouée que sur un match. Le président Aulas était également plus détendu. Après notre victoire, il était euphorique et à Saint-Tropez, il a tombé le masque. Il n'était plus l'homme d'affaires agissant de sang-froid, il devenait l'homme, tout simplement. Et j'ai aimé cet homme qui savait avoir des attentions particulières. Il a offert aux joueuses et aux membres du staff une très belle montre gravée au nom de chacun avec la date de la finale. Entre nous deux, sans se le dire, nous avions décidé de ne plus faire référence au passé, au conflit. Il y eut seulement un bref échange. Il m'a dit que j'avais bien fait de revenir et, par provocation, je lui ai répondu que c'est surtout lui qui avait bien fait de venir nous chercher. C'était du gagnant-gagnant, la hache de guerre était enterrée et, à partir de là, notre relation allait se construire avec confiance. Jamais je ne pourrai oublier ce tournant, ce rendez-vous à Craven Cottage. Après la rencontre de ce 26 mai 2011, ma coéquipière Sabrina Viguier m'a demandé une faveur. Elle voulait mes chaussures trop grandes pour les garder en souvenir. Elle les a toujours chez elle, bien conservées, mes grandes pompes.

12

Munich, la passe de deux

Pour éviter de louper les trains, le club a décidé de faire fabriquer des cartes spéciales à notre effigie. C'était tellement plus pratique pour signer des autographes et c'était ce qui se faisait depuis longtemps chez les hommes. Après notre première victoire en Ligue des champions, lorsque l'on jouait à l'extérieur, le public venait en nombre. Il y avait des airs de fête au village et, dans la foulée de la rencontre, nous restions de longues minutes à satisfaire aux demandes de signatures. Au début, on faisait comme on pouvait, sur une feuille, sur un carnet. On perdait du temps et de l'énergie à satisfaire l'engouement des supporters adverses. Comme on souhaitait contenter tout le monde, on se retrouvait souvent à la limite pour les transports, alors les cartes avec nos photos dessus furent très bien reçues. Les gens venaient voir les championnes d'Europe. Durant ma carrière, je n'ai jamais autant ressenti la ferveur du public. À la modeste échelle du foot féminin français, c'était du jamais-vu en championnat. On se déplaçait à Hénin-Beaumont, Rodez, Le Muret, Yzeure. À chaque match, on battait le record d'affluence : 3 000 personnes à Vendenheim, une commune de 5 000 habitants, 7 000 à Juvisy, 12 500 à Guingamp. Aujourd'hui, il arrive que des matchs de division une se disputent sur un terrain d'un centre d'entraînement devant une centaine de spectateurs.

En cette saison 2011-2012, nous étions la fierté de tous, la curiosité à ne pas manquer. On dominait encore plus que les autres années. Nous avions conservé le même groupe et nous avions une confiance énorme en nous. Nous ne faisions que creuser l'écart avec les autres. Les conditions de travail, la qualité de l'effectif faisaient que nous avions plusieurs temps d'avance. Dans un match, à la soixantième minute, on sentait nos adversaires fatiguées, dans le rouge. À ce moment-là, le coach procédait à quelques remplacements. Les joueuses qui entraient en jeu étaient fraîches et leur niveau était équivalent à celles qui sortaient. En face, les filles se mangeaient une tempête, une vague athlétique, une vague technique et un tsunami mental. Nous ne jouions pas dans la même cour. Nous étions la locomotive du professionnalisme en France. Ça créait des jalousies parce que les autres ne pouvaient ou ne souhaitaient pas suivre. Certaines partenaires en équipe de France me disaient : « Pour rien au monde, Sonia, je ne voudrais faire que du foot. » Amateur contre professionnel. Pour moi c'était un faux débat. Quand une joueuse me disait qu'elle trouvait son équilibre de vie en continuant de travailler à côté du foot, je lui répondais que c'était très bien pour elle. Mais de mon côté, j'avais fait de ma passion mon métier et question équilibre, tout allait bien pour moi, merci. Un autre argument consistait à s'inquiéter faussement de mon sort une fois ma carrière terminée. Pas besoin de se faire du souci pour moi, je savais que ce jour viendrait et je m'y préparais sans en faire étalage. Certaines de ces donneuses de leçons sont devenues professionnelles dès qu'elles en ont eu l'occasion, et je suis certaine qu'elles en ont été heureuses. À l'époque, si on avait pu faire un sondage, 95 % des joueuses du championnat auraient souhaité venir à l'OL qui était en train de devenir la référence, même à l'étranger. L'Olympique lyonnais en était là par la volonté d'une seule personne, le président Aulas qui avait investi de manière progressive dans son équipe.

Nous incarnions la suprématie, mais les championnes d'Europe continuaient de disputer la plupart de leurs matchs sur le terrain numéro dix de la Plaine des jeux de Gerland, une installation municipale. Je l'aimais bien ce terrain. Il n'était pas cossu avec une architecture plaisante. Il n'y avait pas d'architecture d'ailleurs, il était d'aspect rudimentaire. Pour y arriver au sortir des vestiaires, on empruntait un petit tunnel qui aboutissait sur une belle pelouse bordée d'une seule tribune de 2 000 places, en béton, pas couverte et qui faisait la longueur du terrain. Nous avions droit au grand stade de Gerland pour les matchs importants de championnat, Juvisy et PSG, et surtout pour la Coupe d'Europe qui restait notre principal objectif. Cette année-là, on écrasait tout le monde, on voulait garder le titre. Avant d'arriver en demi-finale, nous avions inscrit trente-deux buts en six rencontres sans en encaisser un seul, un vrai carnage avec un neuf à zéro, deux six à zéro. Puis le tirage au sort nous a désigné notre ennemi de toujours : le FC Turbine Potsdam. Il tombait des trombes d'eau ce dimanche-là sur la pelouse de Gerland, mais j'avais des chaussures vissées à ma taille. On avait fait des progrès de ce côté-là aussi. C'était une finale avant l'heure et les conditions climatiques nous faisaient penser que les Allemandes seraient avantagées. Elles étaient très physiques et nous, nous développions du beau football que la pluie pouvait contrarier. Score final : cinq buts à un pour l'OL. Après le match, dans le vestiaire, il y avait de la joie mais aussi de la sidération dans nos regards. On venait d'en coller cinq à Potsdam. On ne réalisait pas la hauteur de la performance, c'était inconcevable. Alors j'ai pris la parole et j'ai mis un taquet verbal à tout le monde : « Il reste un match retour et en Allemagne elles vont nous rentrer dedans. Donc rien n'est fait. » On venait de les humilier, mais on se disait qu'elles pouvaient encore nous battre cinq à zéro chez elles et nous éliminer. Quand on y pense aujourd'hui, c'était impossible mais c'était notre état d'esprit du moment. Le doute nous a habitées jusqu'au match retour. Les Allemandes nous ont accueillies dans un petit stade de 4 000 places. Il était plein, survolté et très bruyant. Nous avons souffert : Potsdam voulait laver l'affront et nous avons dû sortir un grand match. Nous avons sauvé deux buts sur notre ligne et elles ont tiré deux fois sur les poteaux. Puis à la soixantième minute, Élodie Thomis a été expulsée pour un geste d'humeur. Nous avons terminé à dix contre onze et pendant une demi-heure, dans mon esprit, le doute irrationnel a été décuplé. Mais nous n'avons pas fait preuve de suffisance, ni de découragement. Nous avons terminé sur un match nul, zéro à zéro. Nous venions de décrocher une nouvelle place en finale et cette finale allait se jouer en Allemagne face à une autre équipe allemande : Francfort. On ne pouvait rêver mieux. Une barrière s'était brisée dans nos esprits ; les mentalités avaient évolué. Auparavant nous serions parties perdantes, mais la victoire en Ligue des champions nous avait apporté de la confiance. On savait qu'on était capables de les battre, même chez elles.

Au stade olympique de Munich, 50 000 personnes avaient pris place, soit deux fois plus que l'année précédente à Craven Cottage. Paradoxalement, je ne garde pas beaucoup de souvenirs de l'avant-match, pratiquement aucun, alors que je me souviens de presque tout pour la finale 2011. La seule chose qui m'ait marquée était la piste d'athlétisme autour du terrain. Elle nous coupait de l'ambiance du stade. À Munich, il y avait pourtant douze fois plus de personnes qu'à Potsdam mais on ne les sentait pas, c'était un point positif pour nous. Il y avait un soleil rasant au début de la rencontre et nous avons commencé notre match par un concours de maladresses, nous ne pouvions pas plus mal débuter. Quelques minutes après le coup d'envoi, nous avons concédé un corner. Nous avions des consignes précises de la part de Patrice Lair. Si la balle arrivait au premier poteau, Sabrina Viguier devait se charger de dégager sans trop de fioritures. Les Allemandes ont tiré au premier poteau, Sabrina est intervenue mais au lieu d'envoyer le ballon loin devant, il a ripé sur son pied et a terminé en corner. On prend les mêmes et on recommence. Mêmes trajectoires et même maladresse de Sabrina qui a manqué de marquer contre son camp. Un rien énervée, j'ai demandé à Sabrina de me laisser sa place, j'allais m'en charger. Troisième corner pour les Allemandes en une minute et troisième situation identique. À la réception du centre, j'ai fait exactement comme Sabrina, j'ai vrillé le ballon qui offrait une quatrième opportunité à nos adversaires. Moi qui voulais par ma prise de décision apporter un peu de sérénité, un peu de confiance, eh bien je me suis loupée. On était dans les cinq premières minutes de la rencontre. Sur la touche, Patrice vociférait, il nous traitait de tous les noms. Aujourd'hui, on en rit beaucoup avec Sabrina mais ce n'était pas tellement le cas sur le coup. Nous avons laissé passer le gros orage et dès la quinzième minute de jeu, nous avons pris l'avantage sur un penalty transformé par Eugénie Le Sommer. Puis Camille Abily a exécuté un magnifique geste, un lob de plus de 30 mètres pour le but du deux à zéro. Camille a d'ailleurs été désignée meilleure joueuse de la finale, comme l'année précédente. Le score n'a plus évolué de tout le match. Nous avons décroché une seconde Ligue des champions d'affilée.

Il y avait énormément de joie, on courait dans tous les sens, mais à ce moment-là, j'ai compris que la première victoire ne connaîtrait jamais d'équivalent. Nous venions de réitérer la performance : c'était génial, mais ce n'était pas la même adrénaline. C'était un peu moins fort, alors je me suis dit que j'étais complètement barjot de penser comme ça après un doublé européen historique mais dans mon cœur la première fois était très spéciale. Idem pour la remise de la coupe. À Fulham, l'année précédente, j'avais scanné le moindre instant. Là, je ne me souviens pas de la montée des marches, j'étais moins connectée aux tribunes, au public, et j'étais plus centrée sur l'équipe. Par la suite, j'ai mieux redécouvert la scène grâce aux images. Michel Platini m'a à nouveau tendu le trophée et je l'ai soulevé avec Sarah Bouhaddi dans un nuage de petits papiers dorés qui voletaient tout autour de nous. La première victoire était forte en émotion, la seconde était forte symboliquement. Nous avions battu une équipe allemande, en Allemagne devant un large public allemand. On pouvait décemment dire que nous étions les reines de l'Europe. Il y avait passation de pouvoir. Par le contenu des matchs, par la force de caractère déployée, par les résultats, notre performance était exceptionnelle. Au sein de l'OL, nous avons senti un soutien, une dynamique autour de l'équipe féminine. Pour cette finale à Munich, une organisation spéciale fut mise en place pour permettre à un maximum de salariés du club d'assister à l'événement. La première fois c'était l'équipe féminine de l'OL qui avait gagné, la seconde fois c'était l'Olympique lyonnais qui était sorti vainqueur.

Cette saison-là, nous avons réalisé un triplé inédit avec l'OL, champion de France, vainqueur de la Coupe de France, champion d'Europe. Nous avons inscrit cent quatre-vingt-six buts pour six encaissés. Nous n'avons jamais connu la défaite, nous étions intouchables. Comme un rituel qui était en train de prendre ses marques, nous sommes retournées à Saint-Tropez, invitées par le président Aulas. J'avais conscience que ces moments n'étaient pas ma vie de tous les jours. Je n'avais pas l'argent pour ça. Quand le président commandait soixante-neuf magnums de champagne parce que nous étions du 69, le département du Rhône, je me disais bien que c'était de l'ordre de l'exceptionnel. Dans ma tête, je calculais ce que je pourrais m'offrir avec une telle somme dépensée, réflexe de mes origines sociales. Le président nous montrait ainsi qu'il était heureux et qu'il estimait que nous avions bien mérité ces jours hors de notre temps et de nos conditions. C'était unique. À force, ce séjour est devenu synonyme de victoire. Si tu étais allée à Saint-Tropez en fin de saison, c'est que tu avais gagné la Ligue des champions. Il régnait une très bonne ambiance, le style colo de vacances de riches. Et pour la saison suivante, nous savions déjà que le club allait commander des cartes de joueuses supplémentaires, histoire de répondre à une demande d'autographes qui ne cessait de croître, comme croissait notre renommée.

13

Ma vie en Bleue et l'extravagant M. Bini

Elle a débuté par une défaite et s'est conclue par une défaite. Entre ces deux déconvenues, il s'est écoulé douze ans et cent cinquante-six matchs. Ma vie en Bleue s'est écrite en deux chapitres, autour de deux sélectionneurs de l'équipe de France aux personnalités bien différentes, Élisabeth Loisel et Bruno Bini. Au chapitre un, j'étais toute jeune, 19 ans, et je jouais à Tours en deuxième division. Élisabeth Loisel m'a fait confiance et a lancé ma carrière. Après une première sélection face à l'Écosse et grâce à cette mise en lumière, j'ai intégré un club de première division et je n'ai jamais quitté l'élite. Elle reste le coach de mes grands débuts internationaux, mais c'est hors du terrain qu'elle s'est inscrite profondément dans ma mémoire. Élisabeth a partagé avec moi l'événement le plus terrible de mon existence. Le jour de la mort de ma mère, elle se trouvait à Clairefontaine quand j'ai appris la nouvelle. Il me fallait rentrer chez moi et c'est elle qui m'a conduite jusqu'à la maison dans sa voiture personnelle. Cent vingt-cinq kilomètres dans le silence et la pudeur. Il y eut peu de mots de sa part, pratiquement aucun de mon côté, mais ça m'a suffi et ça m'a réconfortée. En 2001, j'ai disputé avec elle mon premier Euro en tant que titulaire. Puis pour la première fois de l'histoire, l'équipe de France s'est qualifiée pour une Coupe du monde. Nous avons décroché notre place le 16 novembre 2002 en battant l'équipe d'Angleterre à Saint-Étienne dans le stade Geoffroy-Guichard. Il y avait une ambiance incroyable devant 23 680 spectateurs, le record de l'époque, et, pour une fois, le match était télévisé, signe d'un engouement nouveau. Un but de Corinne Diacre nous a donné la victoire et nous a envoyées aux États-Unis pour la World Cup 2003.

Quatre ans après l'ouverture du Centre national de Clairefontaine, la Fédération pouvait s'enorgueillir d'un premier objectif atteint. Moi, j'avais 22 ans et je symbolisais cette politique de développement. Dans le groupe, la star était Marinette Pichon, elle jouait à Philadelphie en tant que professionnelle, autant dire une extraterrestre pour moi. À chaque rassemblement des Bleues, elle avait droit à son reportage. Avec elle, nous partions pour les États-Unis. J'étais excitée, heureuse et, pour la première fois de ma carrière, je ressentais l'angoisse d'une blessure éventuelle qui m'aurait privée du voyage. Dès le début de la Coupe du monde, ce fut le saut dans l'inconnu. Nous n'avions jamais joué une compétition aussi relevée. Bilan de notre *World Cup* : une défaite, une victoire et un match nul face au Brésil. Ce ne fut pas suffisant pour aller plus loin. Nous étions là pour apprendre, nous avons appris. De cette aventure, il me reste des regrets car au final nous n'étions pas si loin. Je garde aussi, et surtout, beaucoup de bons souvenirs. Nous avons disputé notre dernier match à Washington DC. Des Coupes du monde il y en a tous les quatre ans et malheureusement, pour Élisabeth Loisel et pour nous, l'équipe de France a manqué celle de 2007. Cet échec fut fatal à la sélectionneuse qui était en place depuis dix ans. Fin du chapitre un avec les Bleues. Un chapitre tout ce qu'il y avait de plus normal avec ses joies, ses peines, ses coups de sang.

Avec le chapitre deux, j'ai basculé du classique au vaudeville. Élisabeth fut remplacée par Bruno Bini. Un personnage loufoque qui mériterait une nouvelle à lui seul. Lorsque j'ai appris sa nomination, je me suis dit : « Chouette ! Bruno est de la Ligue Centre, il est né à Orléans autant dire un voisin et il me connaît. Cool. » Cette intuition favorable n'a pas duré bien longtemps. Lors de son premier rassemblement en tant que coach de l'équipe, il m'a convoquée pour un entretien en tête à tête alors que nous étions à l'hôtel du côté de Bordeaux. J'étais une joueuse influente du groupe et Élisabeth Loisel m'avait nommée capitaine de l'équipe en 2004. Je portais le brassard depuis une trentaine de matchs d'affilée et je m'attendais à un échange avec le nouveau sélectionneur. Je suis entrée dans sa chambre et ça n'a pas duré plus de deux minutes : « Sonia, je ne veux plus de toi en tant que capitaine et je te retire le brassard. C'est bon, tu peux y aller. » Ce fut froid, bref et violent. Je n'ai rien pu dire. Je venais de me prendre un bus en pleine tête, j'étais plus que sonnée, K.-O. technique. Comment pouvait-on faire ça à quelqu'un ? Il m'avait brisée. Je suis repartie sans explication, sans justification. Comme j'ai tendance à me remettre en cause assez facilement, j'avais l'impression de ne pas être une bonne footballeuse, une bonne personne. Je suis tombée très bas et de très haut.

Des années plus tard, j'ai repensé à cette scène. C'était après l'arrivée de Corinne Diacre à la tête de l'équipe de France en 2017, elle avait alors congédié Wendie Renard de son rôle de capitaine de la même façon, avec la même brutalité. Aujourd'hui en tant que coach, je peux comprendre que l'on souhaite marquer son arrivée et souligner un changement de cap, mais la méthode était injustifiable. Ce premier entretien avec Bruno Bini reste dans ma mémoire. Je pense qu'un de mes gros points forts se situe dans mon mental. Si je tombe, je me relève. Je savais que je n'allais pas baisser les bras et que, malgré les pensées parasites, j'allais continuer d'aimer le foot. Bruno Bini a immédiatement désigné une capitaine pour prendre ma suite, Sandrine Soubeyrand. Sandrine était quelqu'un de plutôt introverti, qui s'exprimait peu. Pour moi, parler faisait partie des responsabilités à assumer de la part de celle qui portait le brassard. À mes yeux, un capitaine devait cocher toutes les cases : leader de vestiaire, leader de terrain et leader de parole. Durant les réunions internes au groupe, Sandrine se faisait rarement entendre. Au début, je restais en retrait, je me taisais. J'avais perdu ma légitimité et j'avais du mal à vivre cette situation. Et puis après, face au silence et aux attentes des coéquipières, le naturel est revenu au galop. Si je devais l'ouvrir, je l'ouvrais. Bruno m'avait dégradée, mais il m'a rappelée pratiquement à chaque match de l'équipe de France. Étrange M. Bini. Si je devais le qualifier, je dirais de lui qu'il était atypique. Il ne parlait pratiquement jamais de football.

J'arrive à en rire aujourd'hui, mais à l'époque ça me rendait dingue. Il pouvait se pointer à l'entraînement les pieds nus dans ses chaussures de foot et avec les lacets défaits. Il n'animait que très rarement une séance, parfois il passait l'entraînement à discuter avec des supporters qui se trouvaient le long de la main courante autour du terrain. Je sentais bien qu'il n'était pas un passionné de tactique. Là où il pensait exceller, c'était dans la gestion humaine. Entre guillemets, d'après lui, c'était son point fort. Il voulait que les gens se sentent bien, qu'ils soient heureux. Il faisait en sorte d'établir un climat bienveillant, mais à sa sauce. Le plus important à ses yeux était le projet de vie, son projet de vie. Pendant les rassemblements, on devait chanter des chansons. Dans une salle, nous étions assises sur des chaises face à un écran, en configuration causerie de préparation de match. Il lançait la musique et on y allait toutes ensemble. On sentait bien que celles qui ne chantaient pas étaient mal vues. Il avait ses classiques : « Les Copains d'abord », « La Ballade des gens heureux ». Je me souviens qu'une fois, lors d'un rassemblement, Bruno nous a distribué à chacune un CD qu'il avait enregistré avec un de ses amis ; il avait en fait écrit les textes de certaines chansons. Le matin aux causeries, nous chantions les airs du CD, accompagnées à la guitare. Parfois, on écoutait des fables mais le football était le grand absent. Le matin, il affichait la météo et une citation, un aphorisme qui était censé être notre philosophie du jour. Une autre fois, il mettait en scène deux personnages fictifs dans sa prise de parole. Il y avait Lutin Tamar et Lutin Spiré. Le premier symbolisait les pensées négatives et le second défendait le positif qu'il y avait en nous. Il me faisait l'impression d'un gourou dans sa secte. C'était compliqué pour moi, je ne m'y retrouvais pas. Je n'allais pas chez les Bleues pour chanter, lire des fables ou des textes de Paulo Coelho. Moi, je ne poussais pas la chansonnette et il n'insistait jamais trop pour entendre ma belle voix. C'était une époque lunaire, on nageait en plein délire. Un jour, alors que je sortais de ma chambre, j'ai vu Bruno dans le couloir, il était face à la porte ouverte d'une autre joueuse.

Ils étaient en pleine discussion. Quand je suis passée à leur hauteur, j'ai vu ma coéquipière en soutien-gorge, pas en brassière, en train d'échanger à la cool avec son sélectionneur. À certaines joueuses, ses favorites, il offrait des strings en guise de cadeau d'anniversaire devant tout le groupe. Parfois, en déplacement, quand on arrivait à l'aéroport, il demandait à une joueuse de lui ramasser son sac sur le tapis roulant. Pendant ce temps, il partait fumer sa clope en compagnie d'autres filles de l'équipe.

En tant que coach aujourd'hui, je m'efforce de toujours mettre de la distance, une égale distance avec mes joueuses. Là, la distance n'existait pas. Pour moi, c'était insupportable, je le vivais très mal, je ne voyais plus que ça. C'était pesant, ça me rongeait. J'avais une boule au ventre en permanence parce que je savais pertinemment que le haut niveau n'avait rien à voir avec ce cirque. De plus, les très rares médias intéressés par le foot féminin n'étaient pas là pour évoquer la performance ou pour éventuellement critiquer le staff. Ils voulaient promouvoir la discipline, mettre un coup de projecteur mais à mes yeux si on devait nous éclairer c'était uniquement pour la qualité de notre jeu et pour nos résultats sur le terrain. Pas parce qu'on était bien mignonnes. Nous avons essayé d'en parler à la Fédération française de football, mais pour le président de l'époque, Noël Le Graët, il n'y avait aucun problème. Ça avait le don de me révolter. Personne n'en avait rien à foutre de l'équipe de France féminine. On allait voir le président de la Fédé pour lui expliquer que si nous avions été championnes d'Europe avec l'OL, c'était parce que nous avions mis en place tel et tel processus et pas parce qu'on partait en colo avec un éducateur chanteur. Il n'écoutait même pas. Une seule chose lui importait : notre cote de popularité, notre bonne image. Après les remous créés par l'épisode de la grève des Bleus à Knysna lors de la Coupe du monde 2010, il fallait redorer le blason du football français. On n'attendait pas de nous qu'on gagne, on était sympas, c'était l'essentiel. Nous passions une heure à signer des autographes dans une chaîne d'hypermarchés qui nous sponsorisait et c'était suffisant pour le président. Je me demande encore comment toute une flopée de dirigeants a laissé faire tout ça. Je me désespérais de ne voir personne réagir, je me disais que quelqu'un allait finir par arrêter cette mascarade ; eh bien, non. Si de tels épisodes s'étaient déroulés chez les garçons, ils auraient eu les effets d'une bombe médiatique. De toute façon, chez les mecs, Bruno n'aurait pas tenu deux jours, il se serait fait dégommer. Et s'il agissait aujourd'hui de la sorte, avec les réseaux sociaux, il serait dans la tempête médiatique, même chez les filles.

En équipe de France, il y avait les Lyonnaises et les autres. Ça faisait un peu clan. Ça se manifestait surtout au moment des repas, mais aussi lors des exercices d'entraînement. Le pire c'était durant les réunions du groupe. Nous, celles de l'Olympique lyonnais, nous suivions une dynamique complètement différente des autres clubs. Nous progressions vers le professionnalisme et, en équipe de France, c'était folklorique. Au quotidien à l'OL, des moyens étaient à notre disposition pour gagner des matchs de haut niveau avec un entraîneur exigeant et ambitieux. Le décalage était trop grand. Nous n'étions pas du tout sur la même longueur d'onde et nous n'avions pas la même conception du métier de footballeuse. Pour moi, perdre un match c'était la fin du monde ; pas pour elles.

Quand j'étais plus jeune à Clairefontaine, je mettais un jour à décolérer après avoir perdu un simple petit jeu à l'entraînement. Je ne mangeais plus et je ne parlais pas. C'était sans doute extrême, mais ça m'a construite mentalement. J'étais pro dans ma tête et très vite. Chez les Bleues, j'ai dit ouvertement à Sandrine Soubeyrand et à Gaëtane Thiney, toutes deux proches de Bruno Bini, qu'on ne pourrait jamais s'entendre. C'était le yin et le yang. Elles se demandaient comment on pouvait s'épanouir et avoir une vie sociale en ne faisant que du foot. Comme si le fait de consacrer sa vie professionnelle au ballon rond empêchait toute vie sociale. Les années ont passé et aujourd'hui, j'apprécie ces personnes qui travaillent actuellement dans des clubs professionnels. Le paradoxe de tout ça était que, sur le terrain, je m'éclatais comme jamais. Le jeu me permettait d'avoir ma soupape de sécurité. Je prenais du plaisir et je ne me posais plus trop de questions sur les clowneries. Je faisais abstraction de tout. Nous avions une belle équipe. C'était surtout grâce à la qualité des joueuses et aux automatismes déjà acquis. Nous nous connaissions toutes. Nous étions dix Lyonnaises dans l'effectif et il y avait aussi celles qui s'étaient croisées à Clairefontaine. Nous constituions une génération de joueuses très talentueuses, avec une connaissance pointue de la tactique et du haut niveau. Et puis, il faut bien le dire, Bruno avait une grande qualité : il nous a laissé les clés. Nous n'avions pas trop de consignes de jeu à respecter et pas de restrictions non plus. Nous étions libres. Nous récoltions de bons résultats et beaucoup d'observateurs continuent de penser que ce fut l'époque durant laquelle la France a le mieux joué.

Tout au long de ce chapitre deux de ma vie en Bleue, j'ai traîné mes états d'âme mais j'aimais trop l'équipe de France pour refuser d'y retourner. Devant moi, se profilaient deux échéances de taille, deux rendez-vous qu'une footballeuse ne pouvait pas louper dans sa vie : la Coupe du monde 2011 en Allemagne et les Jeux olympiques de Londres en 2012. Alors je me taisais. Je n'ai pas manqué ces deux événements, ce fut bien pire que ça.

14

Deux fois la médaille en chocolat

J'avais enfin trouvé chaussure à mon pied, sans chercher. Une grande marque m'avait contactée pour m'équiper peu après la première victoire en Ligue des champions. Coïncidence ou pas, cet équipementier s'était mis à fabriquer des modèles adultes à crampons pour des petites tailles. Mon trente-sept un tiers n'était plus un problème sur pelouse détrempée et adieu la double paire de chaussettes et le coton pour combler le vide. La marque m'a fourni des chaussures gratuitement et j'avais même le droit de choisir pour 6 000 euros de fournitures par an. *Pretty Woman* dans l'univers du football. En cet été 2011, les choses évoluaient et l'effervescence était en train de s'installer sur la planète foot féminin. La Coupe du monde était organisée en Allemagne par des gens qui savaient faire. Je me souviens qu'à notre arrivée, on nous avait offert un album Panini à compléter. Quand on avait quartier libre, on courait en ville acheter les paquets de vignettes et comme des gosses, on s'échangeait les exemplaires qu'on avait en double. Ça peut paraître un détail, mais c'était la première fois que des femmes avaient le droit à un tel traitement. En plus, nous étions dedans.

Le mondial allemand reste pour moi la plus belle compétition que j'ai disputée avec l'équipe de France. Les stades étaient pleins, l'ambiance incroyable et nos performances nous ont menées sur le devant de la scène. Nos matchs étaient même télévisés avec des audiences record. Nous avons vécu une très belle aventure qui nous a procuré des émotions en forme de montagnes russes. Après le sacre de l'OL en Ligue des champions, les Françaises étaient enfin prises au sérieux par les grands pays de foot. Nous avons battu d'entrée le Nigeria, puis le Canada avant de nous incliner face à l'Allemagne. Nous nous sommes ainsi qualifiées pour les quarts de finale. Les Bleues n'avaient jamais réussi une telle performance et notre adversaire désigné fut l'Angleterre, notre meilleure ennemie. En club, nous avions pris l'ascendant sur les Anglaises mais pas encore avec l'équipe nationale. Comme attendu, le match fut âpre, disputé et intense. Nous étions menées un but à zéro alors qu'il ne restait que trois minutes à jouer. Nous n'avons cessé d'y croire et Élise Bussaglia, d'une très belle frappe du pied gauche, est venue égaliser. Le ballon a heurté l'intérieur du poteau et a terminé sa course dans les filets. Nous avons disputé la prolongation et nous n'avions pas l'habitude de ce supplément de trente minutes de jeu. Nous étions toutes fatiguées et il ne s'est pas passé grand-chose durant ce temps. Ça s'est donc joué aux tirs au but. Camille s'est avancée pour ouvrir le bal et elle s'est loupée. Les Anglaises n'avaient plus qu'à réussir leurs tentatives jusqu'à la cinquième tireuse et c'était cuit pour nous. Je me disais que ça démarrait bien mal mais tant qu'on restait dans la course à un but derrière, c'était jouable. Il ne fallait plus manquer. Élise a réussi sa tentative tout comme Gaëtane. J'étais la quatrième et l'Angleterre menait trois à deux dans la séance. Du rond central où les tireuses attendaient leur tour, au point de penalty, il y avait 40 mètres de marche. Mille idées me sont venues dans la tête et une petite voix se faisait entendre. Où et comment placer mon tir ? Est-ce que je regardais la gardienne ou pas ? Frappe en force ou placée en finesse ? Mon dilemme intérieur était toujours de savoir si je conservais mon côté de prédilection ou pas. J'ai marché d'un bon pas mais je n'ai pas couru. J'ai pris le ballon, je l'ai posé avec application et je n'avais toujours pas décidé. À l'accoutumée, je tirais très fort, sur ma droite au ras du sol. J'ai reculé de 5 mètres. Je me suis élancée et au dernier moment, j'ai ouvert mon pied pour tirer sur ma gauche en haut sous la barre. Je n'avais jamais tenté ça. Contre-pied, but. Je venais de réaliser exactement le contraire de ce que je faisais d'habitude. Une partie de mon cerveau avait sans doute pris le pouvoir. Il avait bien fait. Nous revenions à trois partout et la pression changeait d'épaules. La quatrième tireuse anglaise a carrément manqué le cadre. Elle a tiré à côté et ça changeait tout. Eugénie Le Sommer, alors âgée de 22 ans, a réussi sans problème et nous avions la balle de match. Inespéré retournement de situation. Trois minutes auparavant quand je m'étais avancé pour tirer, j'étais dos au mur et là avec mes coéquipières nous nous retrouvions aux portes de l'exploit. Elles se sont définitivement ouvertes au moment où la frappe de Faye White a heurté la barre. Je suis partie au sprint comme si je participais au 100 mètres des JO. Nous étions comme une nuée qui s'abattait sur notre gardienne Céline Deville. Durant toute la séance, elle n'a pas touché un ballon et nous avons gagné.

C'était une immense victoire avec le sentiment d'avoir déjà réussi notre compétition. Nous étions qualifiées pour les demi-finales d'une Coupe du monde. Après le match, je faisais n'importe quoi, j'embrassais tout le monde ; même mon pire ennemi, je lui aurais sauté dans les bras. Nous avions tellement galéré dans ce match qu'on relâchait tout. La lucidité n'était plus une préoccupation. Je ne souhaitais qu'une chose : savourer l'instant présent. Cette séance de tirs au but était le meilleur des moments pour déclencher le bonheur. Je nageais en pleine euphorie. Dans le vestiaire, dans le bus puis à l'hôtel, ça chantait, ça dansait musique à fond. C'était la fête, tout le monde était beau, tout le monde était gentil, même Bruno. Nous avons mangé tous ensemble dans une ambiance festive et au même moment à la télévision, un autre quart de finale était diffusé. Au terme d'une période de prolongation, le Japon l'emportait sur l'Allemagne. Ce résultat était un cadeau du ciel, non pas pour la suite de la Coupe du monde mais pour les Jeux olympiques de l'année suivante à Londres. L'Allemagne et l'Angleterre éliminées le même jour, la France se retrouvait parmi les meilleures équipes d'Europe et du coup nous étions automatiquement qualifiées pour les JO. Au coup de sifflet final, nous avons à nouveau explosé de joie à l'hôtel. En moins de quatre heures, nous avions décroché une place en demi-finale du mondial et un billet pour les Jeux. C'était un moment rare, unique. Et en France, on nous suivait pour une fois. Certaines avaient même le réflexe nouveau de demander nos audiences télévisées. Dans *L'Équipe*, nous étions notées après nos matchs. Ça ne s'était jamais fait auparavant. Nous découvrions cet aspect critique de nos prestations. Ce n'était pas toujours agréable. Moi, ça ne me faisait pas toujours plaisir surtout quand j'étais de mauvaise foi et j'étais souvent plus ou moins de mauvaise foi. Mais ce n'était que la rançon de la gloire. On attendait désormais la suite.

Demi-finale de Coupe du monde en Allemagne face aux États-Unis, qui pouvait dire mieux ? Ce match était très particulier pour moi ; j'avais joué deux saisons à Washington, j'avais croisé toutes les joueuses américaines dans le championnat, je les connaissais toutes. Je retrouvais surtout ma coéquipière Abby Wambach avec qui je m'entendais si bien. Nous étions loin du fleuve Potomac et des virées en Zodiac de l'armée : à Mönchengladbach, il faisait froid pour un jour d'été, 18 °C. Nous n'avions rien à perdre face aux championnes olympiques en titre. Elles ont démarré très fort et en moins de dix minutes de jeu nous étions menées, un à zéro. Puis elles n'ont plus fait grand-chose par la suite. J'ai même failli égaliser, j'ai tiré sur le poteau suite à un coup franc joué en retrait et nous sommes rentrées au vestiaire avec ce léger retard. En seconde période, j'ai hérité d'un ballon sur le côté gauche et j'ai centré dans la surface de réparation. Gaëtane Thiney a croisé la trajectoire du ballon sans pouvoir le toucher après un rebond assez mou ; ça a troublé la gardienne américaine et ça a donné une drôle d'égalisation. Une action anodine, un rien pourrie, et je me disais que c'était un signe et que ça pouvait le faire. On s'est mise à y croire. Les Américaines ne proposaient rien d'extraordinaire mais à partir de là, on s'est fait éclater, surtout physiquement. Abby Wambach nous a servi sa spéciale avec un but de la tête, puis deux minutes plus tard, Alex Morgan a lobé notre gardienne et nous nous sommes inclinées sur le score de trois à un. J'étais déçue, mais je me disais que la logique avait été respectée et que le résultat était révélateur de l'écart qui existait entre nos deux équipes.

Ce soir-là, nous avons attiré 3,2 millions de téléspectateurs sur une chaîne de la TNT.

Il nous restait encore un match pour briller et ne pas rentrer bredouilles. Il y avait la troisième place à aller chercher. Ce n'était pas terminé. Pour la première fois dans une compétition internationale, nous restions jusqu'à la fin du tournoi. D'habitude, on faisait partie des premières à refaire nos valises. Il m'arrivait même de me demander si ça valait vraiment le coup de les défaire complètement pour dix jours de séjour. Mais là, nous avons pu nous installer et c'était un doux sentiment. « Putain ! On a posé les valoches et on est restées jusqu'au bout les filles. » Pour que ce soit parfait, il nous fallait une médaille, mais nous n'avons pas su la conquérir. Contre la Suède, cela semblait pourtant jouable. Nous étions à égalité un but partout, il ne restait que huit minutes et comme une de leurs joueuses avait été expulsée, nous étions en supériorité numérique. Elles fatiguaient mais elles ont marqué un superbe but. Deux à un, terminé. J'étais dégoûtée : notre belle aventure se finissait sur deux défaites rapprochées. La demi-finale nous avait échappé et la médaille de bronze nous avait ignorées.

J'étais frustrée, profondément déçue. Les émotions que nous avions vécues face à l'Angleterre étaient complètement balayées par ces deux échecs successifs. Le match contre la Suède m'a laissé des regrets immenses. Nous avions dominé, nous nous sommes créé plus d'occasions qu'elles mais nous avons été incapables de concrétiser. Tout ça pour ça. J'étais effondrée et une image a symbolisé pendant longtemps mon état d'esprit. Mes proches étaient venus au stade assister au match de classement. Dans la tribune, j'ai aperçu mon frère et sa petite famille après la rencontre. J'ai demandé à mon neveu de me rejoindre sur la pelouse, il portait un de mes maillots de l'OL, trop grand pour lui. Nous nous sommes assis tous les deux à l'écart de la cérémonie de remise des médailles de bronze aux Suédoises. J'essayais de faire bonne figure face à mon neveu qui était émerveillé d'être là. Il était la seule personne que je pouvais tolérer à mes côtés à ce moment précis. Les photographes ont mitraillé cette scène pensant que c'était mon fils. Après notre retour en France, les gens m'interpellaient pour me parler de la victoire contre l'Angleterre et pour me féliciter de la géniale quatrième place. Il y avait un décalage une nouvelle fois entre leur satisfaction et ma frustration. Quatrième, c'était nul, nul à en pleurer. Quatrième, c'était la place de la conne, celle qui nous excluait du podium. J'avais besoin d'oublier et tout le monde me ramenait aux belles audiences, à la belle histoire, à cette mise en valeur du foot joué par les femmes. Je n'attendais qu'une seule chose : jouer à nouveau pour gagner et passer à autre chose. J'avais une année pour préparer les Jeux olympiques.

Ma saison 2012 fut parfaite avec l'OL : un triplé, un séjour à Saint-Tropez et les JO en ligne de mire. Nous étions onze Lyonnaises dans le groupe de dix-huit joueuses sélectionnées par Bruno Bini. Le tournoi de football démarrait deux jours avant la cérémonie d'ouverture. Je n'ai pas pu y assister du coup. Il n'y avait que douze équipes en lice et les cinq continents étaient représentés. Nous jouions tous les trois jours et les stades n'étaient pas implantés à Londres, nous étions éparpillées sur le territoire britannique. Nous avons disputé nos rencontres du premier tour à Glasgow en Écosse, et à Newcastle dans le nord de l'Angleterre. Les tribunes étaient aux deux tiers vides et l'engouement olympique ne nous concernait pas. Je n'avais pas du tout l'impression d'être aux Jeux, mais plutôt dans une tournée de matchs d'avant saison. Nous voyagions souvent et nous étions coupées de l'événement. En quart de finale, nous avons retrouvé la Suède en Écosse. Nous avons pris notre revanche et une autre compétition a alors débuté.

Comme nous étions qualifiées pour les demi-finales qui se jouaient à Londres, nous faisions notre entrée dans le village olympique et ça changeait tout. Nous avons découvert qu'il y avait un bâtiment par délégation. Avec l'OL, nous commencions à être habituées aux beaux hôtels étoilés luxueux quand nous nous déplacions. Là, on logeait à six dans un appartement assez dépouillé. Les lits étaient tout ce qu'il y avait de plus sommaire, presque des lits de camp, pas très grands. Pour moi ça allait sans peine, mais pour la grande Wendie Renard, ça devait être une autre histoire. Je me demandais comment on pouvait caser un Teddy Riner ou un Nikola Karabatic là-dedans. Je me disais que tous les grands devaient être à l'hôtel. Il y avait un côté bon enfant, guinguette, coloc. On avait une petite couette avec le logo des JO. Je l'ai ramenée en souvenir, elle doit être encore chez mes parents. On croisait tous les athlètes français, de toutes les disciplines. Je n'avais jamais ressenti ce sentiment d'appartenance à mon pays. Je disputais la compétition pour ramener une médaille à la France, c'était bien plus que pour mon équipe. Il y avait une cohésion entre tous les Bleus.

Le village était bondé, 17 000 athlètes. Il y avait les habitations mais aussi beaucoup d'espaces détente pour recevoir tous les sportifs qui souhaitaient se divertir. Ce que j'ai préféré se situait au plein cœur des installations : le restaurant du monde. Il prenait la forme d'un cercle immense qui permettait de goûter à la nourriture des cinq continents. On y trouvait aussi de quoi satisfaire les régimes spéciaux et religieux. Tout était à disposition vingt-quatre heures sur vingt-quatre et sept jours sur sept. Plus étonnant, au centre de l'endroit, on avait planté un McDonald's. Je me suis dit que ce n'était pas très diététique tout ça pour des sportifs de haut niveau, mais surtout j'étais scotchée. Si on m'avait dit un jour que je pourrais avoir accès gratuitement à un McDo et commander ce que je voulais à n'importe quelle heure du jour et de la nuit, je n'y aurais pas cru. Jeune, j'y serais allée tous les jours, mais là je ne pouvais pas le faire. Je passais devant bien sagement sans m'arrêter, il y avait une compétition tout de même. Un soir, j'ai vu Usain Bolt sortant du McDo prêt à engloutir un Big Mac. C'était une vision énorme, gravée, unique dans ma carrière. J'ai croisé régulièrement les plus grands athlètes de la planète comme le nageur américain Michael Phelps. Nous étions souvent avec les filles et les garçons du handball et du basket. J'avais discuté avec Nicolas Batum et sympathisé avec Céline Dumerc. On se promenait beaucoup dans le village et on mangeait quand on voulait tout ce qu'on avait choisi ou presque. Ça nous sortait complètement de nos habitudes bien réglées. À la fin de notre propre compétition, j'ai pu voir les relais 4 × 100 mètres hommes et femmes. J'ai assisté à la finale du 100 mètres remportée par Usain Bolt, je n'aurais manqué ça pour rien au monde. J'ai un peu suivi le basket, le hand. J'étais comme une gamine à Disney.

Nous avons joué notre demi-finale à Wembley, face au Japon qui venait de remporter la Coupe du monde 2011 en Allemagne. Il y avait plus de 60 000 spectateurs dans le stade, l'ambiance y était magnifique, olympique, et ce que nous vivions au village des athlètes me procurait un surcroît de motivation. Je ne voulais pas repartir sans rien. Si on gagnait ce match, on assurait la finale et on rentrait avec une médaille. Score de la rencontre deux à un pour les Japonaises, on perdait une nouvelle fois en demie comme l'année d'avant. Mais cette fois, j'avais clairement les boules. Beaucoup de choses me fatiguaient sportivement, mais là ce fut la goutte d'eau. Bruno avait décidé de mettre sur le banc Camille Abily et Eugénie Le Sommer, deux des footballeuses européennes les plus cotées, deux Lyonnaises qui venaient de réaliser un triplé historique. Eugénie était la meilleure buteuse du dernier championnat de France. Elles sont entrées en jeu à la cinquante-cinquième minute alors que nous étions déjà menées deux à zéro. Avec elles sur le terrain, le match n'était plus le même et l'équipe a changé de visage. Nous avons enfin commencé à bousculer le Japon qui a souffert jusqu'à la fin. Eugénie a marqué puis elle a provoqué un penalty que malheureusement nous n'avons pas concrétisé. Mes regrets étaient infinis. Avec elles deux, dès le début de la rencontre, nous avions plus de possibilités de l'emporter. Je ne comprenais pas ce choix. Nous étions plusieurs joueuses à penser la même chose mais les priorités restaient la cohésion d'équipe et le dernier match à disputer, le match de classement pour la troisième place. De toute façon, parler au coach était peine perdue. Nous étions la seule sélection olympique qui commençait un match avec une joueuse dont on savait qu'elle serait remplacée systématiquement après une heure de jeu. Quelle autre sélection faisait ça ? D'autant plus que la joueuse en question était la capitaine de l'équipe de France. Six rencontres, six remplacements. Sandrine Soubeyrand, 39 ans, ne pouvait pas tenir le rythme durant quatre-vingt-dix minutes et Camille Abily, double championne d'Europe, entrait en jeu à ce moment-là. Après la demi-finale, j'étais dégoûtée, je ruminais, nous venions de rater une occasion unique de jouer une finale olympique. On sentait même qu'au sein du groupe il y avait une cassure. Élise Bussaglia, Sabrina Viguier, Camille Abily et moi-même n'étions plus du tout en phase avec la composition de l'équipe. Mais il ne servait à rien de lancer un grand débat, trois jours plus tard nous avions un dernier match à disputer. Comme l'année précédente, il nous restait quatre-vingt-dix minutes pour décrocher la médaille de bronze.

Il y a une expression qui circule dans le monde du football et qui dit : « Ce match, tu peux le rejouer dix mille fois et tu ne le perdras qu'une seule fois. » Ce proverbe allait comme un gant à France-Canada. J'étais déjà bien entamée moralement après la défaite face au Japon, mais là, ce fut le summum. Je crois que c'est la seule rencontre que je n'ai jamais revue de ma vie. Nous avons tiré vingt-cinq fois au but et elles, une seule fois à la quatre-vingt-dixième minute. Un à zéro pour le Canada. Ce match était impossible à perdre et j'ai vécu cette journée comme une punition. Comme si les événements me disaient : « Vous pouvez faire tout ce que vous voulez, ça ne marchera pas. Vous n'avez pas fait correctement les choses, eh bien vous ne l'aurez pas cette médaille. » Poteau, barre, sauvetage sur la ligne des Canadiennes : nous avons eu droit à la totale. Nous les joueuses, nous n'avions pas le droit de laisser filer notre chance avec une telle domination. Après ce match, j'ai été interviewée et j'ai parlé de gâchis. Je ne contenais plus ma frustration emmagasinée durant les Jeux. Comme en Allemagne en 2011, j'ai regardé les autres aller chercher leurs médailles de bronze et nous, nous avions celle en chocolat, celle qui n'existait pas. Quatrième, la place de la « conne » bis. J'étais profondément frustrée. Nous avions une génération talentueuse qui, avec un coach un peu plus tacticien, aurait dû nous permettre de ramener un titre ou une belle place.

Après cette défaite en match de classement, la délégation française nous a offert la possibilité de rester trois jours de plus, jusqu'à la fin des JO. Camille, Élise, Sabrina et moi fûmes les seules à accepter. Je sentais au fond de moi que c'était ma dernière compétition alors j'ai choisi de kiffer à fond. J'ai assisté à la cérémonie de clôture puis à l'heure de rentrer en France, j'ai vécu un moment assez difficile. Nous étions à Londres sur le quai de la gare et au moment de monter dans le train, on nous a annoncé que les médaillés devaient prendre place dans les voitures une et deux. Le reste des athlètes embarquait à partir de la voiture trois. J'ai trouvé ça profondément injuste et en même temps j'ai ressenti un sentiment de honte incommensurable. Nous n'avions pas droit aux mêmes égards durant le voyage. Il y avait eux et nous. C'était comme si on me faisait comprendre que je n'étais qu'une athlète lambda. Arrivée à Paris, je pouvais participer à la grande parade de la délégation française mais cet épisode du train me disait que je n'avais rien à faire là, que je ferais mieux de rentrer chez moi et que je n'étais que quatrième. Alors je suis partie. Après les Jeux olympiques, j'ai vécu une période très compliquée ; on pouvait parler d'une forme de dépression. J'étais une perdante et, sur ce quai de gare, on me l'avait rappelé.

Après quelque temps, Bruno Bini m'a téléphoné. Il espérait que mes déclarations d'après-match au journal *L'Équipe* avaient dépassé ma pensée. Un rien bornée, je lui ai répondu qu'elles n'avaient rien dépassé du tout et que j'assumais. J'ai redit qu'avec le potentiel qui était le nôtre, nous nous devions de ramener une médaille. L'échange fut bref. Il a conclu en disant qu'on se reverrait au prochain rassemblement des Bleues en septembre. Je m'attendais dès lors à des retrouvailles compliquées et je m'y suis préparée. Dès le début de ce stage de rentrée, Bruno m'a convoquée. Je lui ai dit ce que je pensais de la situation et de notre parcours. J'ai exprimé aussi pour la première fois mes divergences concernant ses choix de certaines joueuses, notamment sa capitaine Sandrine Soubeyrand. Je lui ai rappelé ses limites athlétiques et le fait qu'il soit obligé de la remplacer à chaque fois. J'ai posé des questions sur la pertinence d'une telle stratégie et j'ai fait état de mon mal-être grandissant dans le groupe tel qu'il était géré. J'ai évoqué la boule au ventre, ce que je ressentais. Et j'ai annoncé clairement que s'il souhaitait continuer avec la même capitaine, mieux valait arrêter là. Je ne croyais pas trop en un changement chez Bruno, mais je souhaitais qu'il entende enfin des choses.

À partir de cette conversation, le comportement du staff et de Bruno a radicalement changé. Pour la rencontre suivante, il a choisi Laure Boulleau à ma place et il ne m'a plus jamais rappelée en équipe de France. J'étais plutôt grande bouche, à l'ouvrir au lieu de la fermer, et j'ai accepté cette décision. En revanche, j'ai très mal vécu le fait qu'il n'ait pas eu le courage de me le dire en face. Il était en droit de ne plus m'appeler et de choisir de persister dans son système. Mais il n'a jamais assumé son choix devant moi. Il ne me convoquait plus, mais il ne m'a jamais prévenue que c'était fini. Quand la presse le questionnait sur mon cas, il bottait en touche en répondant que j'étais toujours sélectionnable. Toujours sélectionnable mais plus jamais sélectionnée. Je n'ai pas choisi d'arrêter ma carrière en Bleue. Ce fut difficile à avaler mais au-delà de ça, on n'a pas considéré comme important de me fournir la moindre explication et, après cent cinquante-six sélections, j'ai perdu l'équipe de France. Une perte violente et non souhaitée. J'ai quitté contrainte l'équipe de France comme une anonyme totale. J'en ai beaucoup voulu à Bruno. Quelque part, il m'avait tuée, il avait été irrespectueux par sa lâcheté. Il m'a fait du mal et, par ricochets, il a fait du mal à mes proches. Aujourd'hui, il lui arrive de m'envoyer des messages de félicitations, preuve que le gars est perché. J'en ai voulu à Bruno mais je ne lui en veux plus. Je regrette juste qu'il ne m'ait pas annoncé sa décision de vive voix, en tête à tête, ça m'aurait permis de vider mon sac et de lui dire : « Mec, t'as jamais été à la hauteur. » Fin de ma vie en Bleue.

15

The last dance et puis une autre juste après

Lorsque j'ai décidé de dire stop, je me trouvais sur un terrain. C'était en janvier 2013, lors d'une séance d'entraînement sur pelouse humide. J'ai glissé et mon genou s'est plié avec violence, créant une réaction inflammatoire vive. Il a gonflé très vite. J'ai tout de suite compris que c'était la douleur de trop ; j'en avais ras le bol d'avoir mal. Depuis deux ans, je traînais ça. Le cartilage de mon genou gauche se faisait la malle gentiment. Je ne tenais le coup que grâce à des injections de Synvisc, un produit chargé de remplacer le liquide synovial du genou gauche, en gros de l'huile pour articulations qui coincent. Cette blessure handicapante ne se voyait pas, mais elle avait un impact quotidien sur ma vie. Je m'entraînais une heure à une heure trente quotidiennement, mais après chaque séance je passais trois heures aux soins et je ponctuais la journée en glaçant la zone douloureuse. Je ne voulais plus de cette prise en charge médicale. À force, ma musculature s'était altérée et aujourd'hui encore, côté gauche, je n'ai plus de quadriceps. Une sportive a constamment mal, mais elle dépasse sa souffrance en secret. Là, mon énergie et mon capital mental étaient épuisés. Je n'étais plus assez costaude pour endurer et supporter. J'allais avoir 33 ans au mois de juin et je n'avais plus qu'à profiter de ces derniers mois avant de tourner la page. De toute façon, l'heure approchait. Je ne jouais déjà plus en équipe de France, même si c'était malgré moi. Et, après douze ans au plus haut niveau, j'en avais assez des mises au vert à l'hôtel, des déplacements à Soyaux, et des treize heures de bus aller-retour qui allaient avec. J'en avais surtout assez d'avoir mal et je souhaitais enfin fonder une famille. Tout me poussait vers la sortie.

Durant l'été, j'avais prolongé mon contrat d'un an avec l'Olympique lyonnais. Les dirigeants en avaient profité pour m'imposer une baisse de salaire. Je passais de 10 000 à 8 000 euros brut par mois. Je ne l'avais pas très bien vécu. Ça voulait dire que l'OL croyait de moins en moins en Sonia Bompastor. Ça a touché mon ego, ce n'était pas très agréable de se sentir décotée. J'ai prévenu le club de ma décision au mois de mars. Patrice Lair ne comprenait pas pourquoi je ne prolongeais pas encore un peu. Il était celui qui m'avait fait revenir à Lyon pour gagner la Ligue des champions, il était très attaché à ma présence et sans doute se voilait-il un peu la face sur mon état. Arrêter était une évidence. Il ne me restait plus que deux mois pour profiter de chaque instant et deux mois pour faire le nécessaire afin que mon genou tienne avant de finir en beauté.

Pour la première fois depuis treize ans, je n'étais pas appelée à un rassemblement de l'équipe de France. Durant ce genre de période à Lyon, il ne restait à l'entraînement que les jeunes joueuses, celles qui n'étaient pas encore internationales. Et là, je complétais le petit groupe. Je craignais de mal vivre l'expérience, mais pas du tout. Patrice préparait des séances intéressantes et motivantes. J'ai adoré. Je retrouvais la passion de la petite fille qui ne ratait jamais un entraînement. C'était du foot, je m'éclatais, l'essentiel quoi.

Durant ma dernière saison avec les filles de l'OL, nous ne dominions pas, nous écrasions tout sur notre passage encore plus facilement que l'année précédente et nous avions une cote incroyable auprès du public. Les Français vivaient le désamour du foot masculin de l'après-Knysna et avec nos succès en Coupe d'Europe et les parcours des Bleues en grandes compétitions, les filles avaient le vent en poupe. Avec Lyon, nous incarnions la suprématie. En championnat, l'OL a gagné tous ses matchs et en Ligue des champions, je ne me souviens même pas d'avoir été inquiétée lors des tours de qualifications. Nous étions invincibles et sans résistance adverse. Comme toujours notre saison allait se jouer sur une seule rencontre, la finale face aux Allemandes de Wolfsburg à Londres. Nous étions sur une série de soixante-dix-neuf matchs sans défaite. Nous affichions trop de sérénité, trop de confiance. C'était un sentiment inconscient, l'impression indicible qu'il n'y avait plus de concurrence. Pourtant, il y avait quelques tensions entre le vestiaire et le coach. L'exigeant management de Patrice était moins opérant sur sa troisième saison et la lassitude s'installait. Ses piques ne faisaient plus le même effet, c'était juste de la routine presque inoffensive. Et de toute façon, nous arrivions toujours à gagner depuis trois ans.

La veille de la finale, ça a explosé. Patrice a pété un câble. Il nous a dit de nous démerder sans lui et qu'il ne nous coacherait pas. Avec Sabrina Viguier, nous avons passé la soirée à le convaincre mais il n'avait pas apprécié l'attitude du groupe. Alors, avec son caractère à lui il a tenté de rétablir un peu de rigueur mais ça ne fonctionnait plus. Les filles étaient lassées qu'il nous rentre dedans à tout bout de champ. Il n'est pas venu manger et beaucoup s'en foutaient. Le lendemain, tout le monde a repris son poste mais c'était compliqué de faire abstraction de cet épisode. Il pleuvait sur Londres, encore une fois. Face à un adversaire revanchard et désireux de dévorer l'ogre lyonnais, nous avons lamentablement échoué. Nous n'avons pas été bonnes sur le terrain et Patrice, certainement perturbé, enchaînait les choix curieux. Il a fait entrer en jeu Lara Dickenmann à la mi-temps et il l'a remplacée avant la fin du match. Entre-temps, sur un centre aérien, le ballon est retombé sur le bras de Laura Georges. Penalty, un zéro pour Wolfsburg, circulez il n'y avait plus rien à voir. Nous étions impuissantes sur le terrain et éplorées dans les vestiaires. Sur le plan collectif, nous avions pris une claque sur une valeur qui m'était chère, l'humilité, et sur le plan personnel, je finissais ma carrière en Ligue des champions sur une défaite, un soir de pluie. J'ai vécu un maussade épilogue à Stamford Bridge, le stade du club de Chelsea. Je ne savais pas encore dans ma tristesse que onze années plus tard je reviendrais sur ces lieux en tant que coach des Blues. C'était ma dernière danse en Ligue des champions mais il m'en restait encore une à vivre, encore une finale, celle de la Coupe de France face à Saint-Étienne à Clermont-Ferrand, le 8 juin 2013, le jour de mes 33 ans.

À l'approche de l'événement, j'avais du mal à me concentrer sur l'enjeu sportif. Je me rendais surtout compte des dernières fois que j'allais empiler. Dernière fois en mise au vert, dernière fois à écouter la causerie, dernière fois à enfiler le brassard de capitaine. J'étais rapidement submergée par les émotions. Dès qu'on évoquait ces dernières fois, les larmes s'invitaient sur mes joues. Pour mes adieux de joueuse, le club avait bien fait les choses en faisant venir toute ma famille du Portugal, oncles, tantes, cousins, cousines. Mes deux grands-mères étaient là. Je les ai tous découverts juste avant la rencontre et durant l'échauffement je pleurais tandis que mes coéquipières arboraient un tee-shirt barré d'une inscription : « Merci, Sonia ! ». Durant le match, je combattais pour gérer au mieux mes émotions et j'avais à cœur de sortir par la grande porte. Nous l'avons emporté trois à un et j'ai délivré une passe décisive sur un coup franc pour ponctuer le tout. À la quatre-vingtième minute de jeu, Patrice a commandé mon changement, un dernier remplacement pour me mettre en valeur. Mon émotion a explosé de toutes parts. Les filles m'ont fait une haie d'honneur et m'ont applaudie tout comme le public. Même les adversaires s'y sont mises et, quand on connaît la rivalité entre Lyon et Saint-Étienne, ça signifiait beaucoup. Je marchais en tentant de retenir mes pleurs. Au bout du couloir formé par les joueuses, ma remplaçante du jour, Corinne Petit, m'attendait. Elle m'a prise dans ses bras et m'a fait tournoyer sur moi-même, puis j'ai regagné le banc. J'ai pensé à ma mère et à Sonia la petite fille qui voulait jouer au foot et qui a parcouru un si beau chemin jonché de quinze titres avec ses différentes équipes. Je ne pouvais pas mieux finir. Je remportais une dernière Coupe de France, le jour de mon anniversaire, devant ma famille, au sein d'un club que je portais dans mon cœur. Et surtout j'arrêtais de mon propre fait, la décision était claire et acceptée. J'étais privilégiée de tirer ainsi ma révérence. Mon amour du foot était intact. Quand je me suis assise, je me suis dit : « Voilà c'est fini. »

Cet été-là, il n'y eut pas d'invitation du président sur la côte. Pas de Ligue des champions, pas de Saint-Tropez. Je ne savais pas encore ce que j'allais devenir. J'ai répondu à une demande de la chaîne W9. J'ai joué les consultantes durant l'Euro 2013 en Suède. Ce n'était pas si simple de commenter les performances de l'équipe de France toujours dirigée par Bruno Bini, mais je l'ai fait avec bonheur. Après cette transition tout en douceur, je suis rentrée à Lyon.

Très rapidement, j'ai reçu un appel du président Aulas. Il souhaitait créer un centre de formation pour les filles en copiant le modèle des garçons. Pour ce premier établissement du genre, il cherchait une directrice et il me voyait bien dans ce rôle-là. Je n'ai même pas eu le temps de me poser un peu pour réfléchir à mon avenir que l'on me proposait un projet impossible à refuser. Mon salaire passait de 8 000 euros brut par mois en tant que joueuse à 3 000 comme directrice de la formation féminine et je me disais que c'était déjà pas mal pour du foot féminin. Je pensais prendre du recul avec mon sport, eh bien c'était raté. J'ai replongé. Il existait déjà des partenariats entre l'Olympique lyonnais et certains établissements scolaires grâce au travail assidu de Cécile Locatelli, ancienne capitaine de l'OL. Je me suis appuyée sur cet héritage pour mettre en place un centre de formation digne de ce nom, le chemin allait être long. On ne m'a pas assigné d'objectifs très précis si ce n'était de former un maximum de jeunes joueuses pour intégrer un jour le groupe pro. Je n'avais pas de budget dédié mais à chaque fois que j'ai demandé des moyens à Jean-Michel Aulas, il m'a soutenue sans réserve. Ce fut précieux et j'ai apprécié. Feuille blanche et carte blanche. J'ai donc débuté par un état des lieux avant d'apporter ma patte. Je supervisais l'école de foot jusqu'au moins de 19 ans. Je conceptualisais les séances d'entraînement pour faciliter la vie des éducateurs et j'essayais de transmettre ma vision de ce qu'il nous fallait faire. Je devais être partout : recrutement, entretiens avec les parents, scolarité, animation sportive et cohésion de la section féminine. Je pouvais compter sur trois éducateurs à temps plein et sur un préparateur physique stagiaire.

Pour atteindre un jour le haut niveau, on partait de loin, de très loin même et dans tous les domaines. Les garçons âgés de 15 à 18 ans dormaient et mangeaient au centre de formation tandis que les filles qui n'étaient pas de Lyon se retrouvaient hébergées dans un hôtel tout proche du stade. Elles devaient se débrouiller seules pour acheter leur nourriture et trouver un endroit pour manger. Je suis vite intervenue en soulignant que comme les garçons prenaient leurs repas au self, les filles pouvaient faire de même. On m'a demandé alors : « Mais qui va payer, Sonia ? » Je répondais sans hésiter : « Eh bien, le club. » Comme ça résistait, je suis allée voir le président et l'affaire semblait réglée. Une fois le budget alloué, on est venu me voir pour m'indiquer que désormais la présence des filles au self excitait les garçons. J'ai bien compris qu'on ne voulait pas d'elles dans cet endroit, alors j'ai provoqué une grande réunion. J'ai rappelé la volonté de mettre en place un projet novateur et que pour ce faire nous devions franchir cet obstacle qui n'était pas si anodin qu'il paraissait. Je me suis rendu compte qu'il y avait des freins, de vraies peurs. La mixité dans le foot, même dans le club qui avait gagné deux fois la Ligue des champions féminine, demeurait un sujet épineux. Afin de rassurer les trois réfractaires à la cantine partagée, j'ai proposé une solution simple. Je suis venue au self et je me suis posée au bout de la table des filles le temps du repas. Je suis revenue ainsi le temps nécessaire à ce que tout le monde soit habitué à cette présence féminine. Ça me faisait de longues journées, mais ça marchait.

Les points de blocage étaient nombreux et il fallait s'occuper de chacun d'eux avec ténacité et pédagogie. Au début, il n'y avait pas de navette, pas de moyen de transport pour les gamines. Alors, je prenais le minibus et je les conduisais pour des déplacements. Je ne cessais de faire des allers-retours entre le président et la réalité du centre afin d'obtenir les budgets nécessaires. Le président Aulas était déjà fort pris par son entreprise et par les groupes pros de l'OL, mais il était enclin à faire évoluer les mentalités au sein du club. À mes débuts, le budget alloué au centre de formation était de 200 000 euros. Quand j'ai quitté mon poste de directrice, il était de 1,5 million. Cela provoquait de la jalousie, forcément. Pour certains, cette somme réservée aux filles équivalait à moins de moyens pour les garçons. Les réticences étaient très profondes et nombreuses, sans compter les combats en interne pour se faire accepter mais également en externe. La Fédération française devait se transformer, se structurer, officialiser et généraliser les centres de formation féminins. Ce dernier point n'a été validé qu'en 2023, dix ans après le lancement de celui de l'OL.

Au tout début de cette nouvelle carrière, je ne me considérais pas comme directrice, je n'avais même pas de bureau attitré. J'étais juste une ancienne joueuse de haut niveau qui apportait son expertise et qui partageait ses connaissances du football. J'ai compris au bout d'un moment que mes décisions allaient avoir un impact sur du moyen ou sur du long terme et qu'en fait je construisais un avenir. En 2014, on m'a annoncé qu'un tout nouveau centre de formation allait pousser du côté de Meyzieu, l'OL

Academy. On m'a juste informée de cette innovation à venir pour 22 millions d'euros. Un nouveau chapitre s'ouvrait et j'avais l'opportunité d'y inscrire les filles. C'était une chance unique de construire ensemble un lieu différent. Dans les faits, au début, on ne m'intégrait pas aux différentes réunions préparatoires. J'ai dû forcer les portes et m'inviter aux réflexions. Sur les premiers plans, la place des filles était une éventualité. J'ai fait en sorte que cette hypothèse prenne forme. Au début, la surface était partagée à raison de 80 % pour les garçons et 20 % pour les filles. Je me suis débrouillée pour rééquilibrer. À chaque fois, j'essayais tout d'abord de convaincre du bien-fondé de ma demande et si ça ne marchait pas, je faisais comprendre que j'allais demander un arbitrage au niveau supérieur. J'avais l'oreille du président et sans cela j'aurais abandonné. Avec le président Aulas, nous avions vécu des moments négatifs et intenses. J'aurais pu le détester à vie pour ce que j'avais enduré, mais je n'y arrivais pas. Parce qu'une fois ces tempêtes traversées, il a toujours été là pour moi. Il m'a tellement soutenue et tellement accompagnée. Aujourd'hui, il ne me reste que de la reconnaissance à son égard. Neuf fois sur dix, je n'avais pas besoin de lui pour faire avancer le dossier féminin au sein de la future académie de l'OL. Je me débrouillais toute seule pour convaincre mais quand j'avais vraiment besoin, il intervenait. J'ai apporté une touche féminine au plan. La priorité des hommes était les terrains et la salle de muscu. J'essayais d'amener une réflexion sur l'agencement des vestiaires, des toilettes, des douches, des salles de vie. Comme sur le terrain, je ne lâchais jamais rien et les gens comprenaient que je me battais essentiellement pour le projet et pas pour ma pomme. Je me montrais engagée, déterminée, mais je n'étais pas en guerre. Je savais d'où partait la section féminine : on ne pouvait pas passer de l'inexistant à l'omniprésent. Mon moteur était de faire de ce projet la référence au niveau français. Je souhaitais répliquer l'aura de notre équipe championne d'Europe sur le centre de formation. Pour moi, une petite fille devait rêver de jouer à l'OL.

L'OL Academy, premier centre de formation mixte de France, a ouvert ses portes à l'été 2016 à Meyzieu, en banlieue de Lyon. Deux cent cinquante garçons dont vingt-neuf internes, cent quarante filles dont dix internes. Le premier jour, j'ai vu des gamines et des gamins de tous âges portant tous la même tenue, celle de leur club. C'était un symbole fort, beau à voir et qui m'a émue. Trente ans plus tôt, la petite Sonia était la seule petite fille à jouer sur des terrains dramatiques, avec des équipements dépareillés. Il m'avait fallu attendre l'âge de 27 ans pour avoir des maillots coordonnés avec mes coéquipières de l'OL. Aux yeux de tous, j'étais la référente de la section féminine. Mais, à titre personnel, le véritable tremplin fut l'arrivée de Jean-François Vulliez à la tête de l'OL Academy peu après son ouverture. Nous avions la même vision et avec lui j'ai pris une autre dimension. Nous avions à cœur de créer une réelle mixité en organisant des séances d'entraînement communes aux garçons et aux filles en école de foot et en préformation. J'étais comme un poisson dans l'eau qui nageait au boulot à raison de soixante heures par semaine. Et quand Jeff Vulliez était absent, j'endossais sans retouche le costume de responsable de l'OL Academy. J'étais chez moi et épanouie. Je vivais la plénitude dans ma vie professionnelle et surtout dans ma vie de famille, enfin.

16

Treize ans de mensonges

Ma famille est mon socle, mon tout. J'ai quatre enfants et j'ai toujours voulu avoir une famille nombreuse. Ma moitié et moi, nous étions d'accord sur ce point-là. J'ai cette chance rare de vivre et de travailler avec la femme de ma vie, Camille Abily.

Nous nous sommes connues à Clairefontaine en septembre 2000. Camille n'avait pas encore 16 ans et j'avais quatre ans de plus qu'elle. Au Centre national, nous étions quatre copines inséparables : Hoda Lattaf, Émilie Dos Santos, Camille et moi. Camille était la petite sœur du groupe, elle était surtout la protégée d'Hoda. Et puis un jour, j'ai remarqué que quand Camille n'était pas là, j'étais triste, ça me chagrinait. J'ai repoussé ce sentiment bizarre, incongru, mais au fil du temps j'ai dû me résoudre à admettre que je me sentais mieux lorsqu'elle était là. J'éprouvais de l'attirance pour Camille et dans ma tête c'était la révolution. Ça me semblait impossible d'avoir une relation avec une autre femme et, malgré mon penchant pour elle, je ne savais même pas comment m'y prendre pour franchir le cap. Je n'allais quand même pas embrasser une fille ? Pourquoi ça me tombait dessus ? Tout s'entrechoquait en moi. Ma première décision fut de m'éloigner de Camille. Ce n'était pas simple, d'autant plus qu'elle venait de signer dans le même club que moi à La Roche-sur-Yon. Nous passions la semaine à Clairefontaine et le week-end, nous jouions ensemble. Nous prenions les mêmes trains, alors on se donnait rendez-vous à la gare. Mais parfois je faisais semblant de me tromper de wagon pour éviter de me retrouver avec elle. Camille a fini par remarquer mon petit manège et elle m'a demandé le pourquoi de cette distance. J'ai menti, affirmant qu'il n'y avait rien de particulier et qu'elle se faisait des idées. Puis j'ai fini par craquer : c'était trop lourd à porter. Durant un de nos trajets, j'ai tout avoué et je lui ai dit : « Quand tu m'as demandé si je faisais exprès de m'éloigner de toi, eh bien je t'ai menti. Oui, je le faisais sciemment. Je ne sais pas trop comment te le dire, mais j'ai agi comme ça parce que j'ai des sentiments pour toi. » Camille est restée sans réaction, estomaquée. Puis j'ai ajouté : « La seule chose que je peux faire, c'est ne plus être ton amie et tracer ma route. Je ne te laisse pas trop le choix. » À 17 ans, elle apprenait sans aucun ménagement que je l'aimais et que je n'assumais pas. Malgré mon ton décidé, elle avait son mot à dire et elle l'a dit. Elle n'était en rien responsable de cette situation, elle m'appréciait en tant que pote et elle souhaitait qu'on reste amies. Pour moi c'était impossible, je n'en avais pas la force. Deux ou trois semaines se sont écoulées, chacune a réfléchi de son côté et les choses se sont faites naturellement. Nous n'avions pas le mode d'emploi mais nous nous sommes rapprochées, en secret. Le secret et le mensonge sont devenus dès lors nos complices. Nous étions incapables de dire que nous étions ensemble.

Dès le début entre nous, ça a matché pourtant, mais dans nos éducations, dans nos constructions respectives, nous avions appris qu'une vie à deux c'était un homme avec une femme. Dans notre romance, nous avons vécu un dilemme permanent qui allait durer plus de treize ans. Dans nos têtes, notre amour était à la fois évident et impossible. Nous n'avons cessé d'alterner les breaks tout au long d'une partie de notre vie amoureuse. Comme nous ne parvenions pas à assumer aux yeux des autres, nous préférions arrêter mais c'était plus fort que nous et nous finissions par nous remettre ensemble, toujours en cachette. Personne ne savait. Personne ne devait savoir. Camille est la seule femme de ma vie ; à part elle, je n'ai connu que des hommes. Au-delà d'être un couple, nous étions les meilleures amies du monde. Nous étions et nous sommes toujours des âmes sœurs. Un simple regard échangé suffit pour que nous nous comprenions en toutes circonstances. C'était tellement fort entre nous que nous n'avions même pas besoin de nous parler. Un épisode crucial a confirmé nos liens. Au moment du décès de ma mère, Camille était là, toute proche. Elle était devenue mon épaule. Je venais de perdre un amour et j'en gagnais un autre. C'est pourquoi nos breaks étaient vains. J'ai fréquemment dit à Camille que si nous souhaitions réussir notre séparation, il fallait que je ne la voie plus, qu'elle n'existe plus dans ma vie. De son côté, elle m'a souvent proposé la rupture amoureuse mais en gardant l'amitié totale entre nous. Je lui disais : « Mais tu es folle Camille, ça n'existe pas ce que tu demandes ! » Et nous étions reparties pour un tour. Séparation improbable, retrouvailles prévisibles et toujours refus d'assumer. De plus, quand nous arrêtions notre histoire pour la remplacer par une autre, immanquablement, nous comparions. On se disait chacune de notre côté : « Toi, t'es moins bien. Toi, t'es encore moins bien. Toi, n'en parlons même pas. » Ils n'avaient aucune chance.

« Ensemble » est un mot qui nous va bien. À Clairefontaine, à La Roche-sur-Yon, à Montpellier puis à l'Olympique lyonnais, nous avons joué ensemble. Toujours avec nos va-et-vient et notre amour indiscutable mais discuté. Sur le terrain et en dehors, nous étions branchées sur la même longueur d'onde. On ne pouvait pas lutter contre cette attraction. Même lorsque nous décidions de faire une pause dans notre relation, la vie nous ramenait l'une vers l'autre. En 2009, nous avons toutes les deux été draftées par des clubs américains sans même nous concerter. Nous avons vécu le même harcèlement de la part de l'OL à cause de notre départ et nous avons partagé la même procédure juridique. Le club réclamait également 500 000 euros à Camille. Quand je me suis retrouvée à Washington, elle était la personne qui m'était le plus proche moralement et physiquement. Il y avait trois heures de décalage horaire entre nous ; c'était bien moins qu'avec ma famille. On se téléphonait très souvent, on se voyait quand on pouvait. Après, lorsque la Fédération française nous a demandé de rester actives au moment de la trêve américaine, nous avons signé toutes deux pour six mois au PSG. En 2011, Patrice Lair a exigé les retours de Camille et Sonia, sans se douter de notre histoire.

À partir de notre retour des États-Unis, nous vivions vraiment ensemble mais nous avions deux appartements. Nous n'assumions toujours pas vis-à-vis de nos familles, alors à chaque visite de nos parents c'était chacune chez soi pour préserver les apparences. Nous avons vécu de nombreuses années cachées. Heureuses mais cachées. Nous avons menti à tout le monde pendant des années et il fallait que cela cesse, en tout cas pour moi. Déjà quand nous étions aux États-Unis, j'étais persuadée qu'elle était la femme de ma vie mais Camille ressentait encore le besoin de nous tester, de laisser la porte ouverte à d'autres histoires plus conformes à nos éducations. J'en avais assez de tout ça. Si elle ne savait pas encore, moi je savais déjà. Alors, en 2013, j'ai pris une décision radicale et claire dans ma tête. J'allais profiter de ma fin de carrière prochaine pour organiser ma prise de distance physique avec Camille. Je souhaitais partir loin de tout et surtout d'elle, en espérant que mes sentiments s'estomperaient peu à peu. Nous avons souffert toutes les deux de cette volonté fermement affichée. Pendant quelques mois, ce fut dur à vivre mais j'étais déterminée à couper les ponts et à avancer sans elle. Et puis un jour, Camille a eu comme un déclic, comme un éclair dans sa tête. Elle m'a dit qu'elle voulait finir sa vie avec moi. Je lui ai répondu : « Écoute-moi bien, si tu reviens c'est définitif et on fait face. » Nous n'avions pas besoin de nous convaincre de l'amour que nous partagions, il fallait nous convaincre que nous étions capables de l'assumer. Nous avons très vite lancé la procédure pour avoir un enfant. Toujours en cachette, nous avons pris la direction d'une clinique de Barcelone pour y réaliser une insémination artificielle. J'étais la plus âgée et Camille continuait sa carrière. Nous avons donc décidé que je porterais notre enfant. Nous avons fait en sorte de ne pas connaître le donneur, mais nous souhaitions tenir compte des caractéristiques physiques de Camille et des miennes. Au bout de trois tentatives, je suis tombée enceinte en octobre 2014. Nous étions tellement heureuses, tellement euphoriques et tellement le dos au mur, avec un mur de plus en plus proche. La naissance de Louane était prévue pour le 15 juin 2015, je n'allais pas dissimuler ma grossesse bien longtemps. Nous nous sommes fixé les vacances de Noël comme date butoir pour tout dire à nos familles respectives.

Chacune de notre côté, nous nous sommes lancées. Camille a ouvert le bal avec son frère, sa sœur et sa belle-sœur. Elle pensait qu'ils seraient les plus aidants, les plus réceptifs. J'attendais un appel de Camille qui devait me raconter la révélation, mais j'en ai reçu un de sa belle-sœur. Elle m'a passé un savon : « Mais vous êtes des grandes tarées, on a cru qu'elle allait nous annoncer qu'elle était gravement malade. Camille s'est posée sur le canapé et elle était incapable d'articuler le moindre mot. Ses larmes ne cessaient de couler. On s'est fait du souci. Maintenant que l'on sait pour votre enfant, nous sommes franchement trop contents. Mais pourquoi vous vous mettez dans des états pareils ? Vous n'avez rien à cacher. » Cette première réaction nous a mis du baume au cœur. Camille, soutenue par son frangin, sa frangine et sa belle-sœur, a enchaîné avec ses parents et de son côté c'était fait.

Le ballon était désormais dans mon camp, mais ce fut une tout autre histoire. Je me suis installée sur le canapé avec papa, nous étions seuls. Je voulais lui dire mais rien ne sortait de ma gorge, j'étais bloquée. J'avais tout enfoui depuis si longtemps que pour aller chercher ce secret je manquais de ressources. Je n'y arrivais pas et remettais sans cesse au lendemain. Puis, la veille de mon départ, j'ai pris mon élan : « Il faut que je te dise, papa, Camille est ma partenaire sur le terrain mais surtout dans la vie. » Il m'a répondu calmement : « Tu sais Sonia, j'ai toujours pensé que les femmes devaient souvent s'ennuyer avec les hommes. Alors deux femmes entre elles, je les comprends. » Il m'avait séchée et il avait explosé toutes les représentations que je m'étais construites. Je me faisais une montagne de cette histoire et mon père était plus grand que je ne le croyais. Si des larmes ont coulé à cet instant, elles furent de joie. Mais ce n'était pas fini. Prochaine épreuve le lendemain, chez mon grand frère Pedro. Une fois le déjeuner terminé, Pedro, fatigué par les fêtes de fin d'année, est parti faire une sieste. Ça ne m'arrangeait pas du tout, je voulais qu'il soit avec son épouse car je devais rentrer à Lyon. Au bout d'un moment, j'ai pris congé de ma belle-sœur et j'ai dit que j'allais saluer mon frère avant de repartir directement. Je suis entrée dans sa chambre, je me suis assise au bord du lit :

« Tu dors, Pedro ?

— Évidemment, qu'est-ce que tu veux que je fasse d'autre dans mon plumard ?

— Faut que je te dise un truc.

— Vas-y.

— Je suis enceinte, je suis en couple avec Camille et on va avoir l'enfant ensemble. Salut ! »

Je me suis relevée et j'ai taillé la route. Lui, il était encore allongé, à moitié endormi mais complètement K.-O. Après trente minutes de trajet, j'ai reçu un appel de Laetitia, ma belle-sœur, qui me demandait pourquoi Pedro était tout bizarre. Il ne voulait rien lui dire, il préférait que ce soit moi. Je lui ai tout raconté, elle a tout compris. Puis, quelques jours plus tard, j'ai tout révélé à mon petit-frère au cours d'une rencontre. Camille était avec moi. Je n'étais pas plus à l'aise alors j'ai joué au jeu des devinettes avec lui. Il a fini par deviner. C'était un soulagement infini : je m'étais débarrassée d'un poids qui m'écrasait. Je pouvais enfin vivre. Six mois plus tard, en prévision de la naissance de Louane, j'étais rentrée chez mon père à Blois afin de pouvoir compter sur le soutien de ma famille. Camille ne pouvait pas être là, elle disputait la Coupe du monde au Canada.

Dieu que cette journée fut longue et pénible. Après plusieurs heures à batailler pour accoucher par voie basse, on m'a finalement annoncé que je descendais au bloc pour une césarienne. Je mourais d'envie d'insulter la sage-femme qui aurait pu m'épargner de longues séances de poussées infructueuses. Je voulais que cette gosse sorte de moi par n'importe quel moyen, je n'en pouvais plus de fatigue. Et quand Louane est arrivée, je n'en pouvais plus de bonheur. Rien n'égalait ce premier contact peau contre peau. À 5 600 kilomètres de nous, Camille a tout suivi des événements. Parmi les joueuses de l'équipe de France, personne n'était au courant. Elle a juste pu partager la grande nouvelle de la naissance de ma fille avec deux ou trois copines, sans en dire plus. Elle a vécu sa maternité en clandestine et elle était tiraillée entre le désir de voir enfin sa fille et la volonté de gagner la Coupe du monde. Les Bleues ont perdu en quart de finale face à l'Allemagne et Camille est revenue quinze jours après la naissance de Louane. Je suis allée la chercher à la gare de Tours. C'était l'heure du biberon et je lui ai tendu le lot : bébé et nourriture. Elle m'a tout rendu en me disant qu'elle ne savait pas faire. Je lui ai répondu quelque chose du style : « Écoute-moi bien, ça fait deux semaines que je l'ai dans les bras jour et nuit. Donc, tu la reprends et tu vas vite savoir comment faire. Et si tu crois que je vais te laisser dormir la nuit quand elle se mettra à pleurer, tu te trompes. Ta Coupe du monde, c'était bien joli, mais tu vas rapidement revenir à la réalité. » Louane fut un bébé parfait, un enfant « sac à main » qui dormait n'importe où. On se disait que finalement, avoir un gosse, c'était facile. En tout cas, moins difficile que ce qui nous attendait. Nous avions franchi l'obstacle des parents, mais il nous restait le grand saut.

J'avais dit à certains amis que j'allais avoir un bébé toute seule, je m'inventais une vie et ils gobaient plus ou moins ce récit. Hoda faisait partie du lot, mais je ne pouvais pas continuer à lui mentir. Hoda Lattaf, grande joueuse, immense amie et gigantesque gueule. Comment lui dire ? « On t'a menti depuis qu'on se connaît, mais c'était pour la bonne cause. » Si une de nos amies pouvait se sentir trahie par nos cachotteries et très mal le prendre, c'était bien elle. Elle allait monter dans les tours en des proportions inimaginables. Son caractère et ses principes constituaient pas mal de menaces que nous devions affronter. Je ne craignais personne dans la vie, à part Hoda. Et je ne parle pas de Camille qui était carrément une mauviette sur cette question : elle a même fini par m'envoyer au front en s'en lavant les mains. Je craignais terriblement la réaction d'Hoda, je me disais qu'elle était capable de m'attraper par les cheveux et de me tirer par la tignasse sur une longue distance. Après avoir reculé plusieurs fois, nous avons décidé de lui rendre visite à Montpellier au mois d'août. Louane avait à peine 2 mois et pour Hoda, elle était l'enfant que j'avais choisi d'avoir seule. Camille nous accompagnait parce que c'était notre meilleure amie. Hoda semblait comblée de découvrir Louane et nous sommes restées une semaine dans le Sud. Malgré tout ce temps, nous n'avons rien pu dire. Après cet échec, nous avons laissé passer deux mois et nous y sommes retournées pour un week-end. Nous avons dîné dans une petite paillote le vendredi soir, il faisait encore doux en ce mois d'octobre. J'attendais la bonne occasion pour lui cracher le morceau et sincèrement je croyais que l'heure était venue. Nous étions assises face à elle, à parler de tout et de rien. Et je ne sais plus trop comment la discussion a dérivé sur des sujets plus personnels, mais je me souviens très bien de ce qu'elle nous a balancé : « Écoutez bien vous deux, si un jour vous m'annoncez que vous êtes ensemble, je vous défonce. Ma parole, je vous zigouille la tête. » Je me suis raidie sur ma chaise et je n'osais plus regarder Camille. Je ne savais pas comment m'en tirer, alors j'ai menti. Un peu plus, un peu moins ! « Mais enfin Hoda, quelle idée ? Tu penses bien que si tel était le cas, depuis le temps on te l'aurait déjà dit. » Je la prenais vraiment pour une conne, mais j'étais en vie. Non seulement nous n'avions rien déballé, mais j'avais aggravé notre cas. Nous sommes rentrées à Lyon, persuadées que nous n'allions jamais parvenir à lui dire la vérité.

Peu de temps après, j'avais une nouvelle fenêtre de tir devant moi. Les moins de 19 ans de l'OL se déplaçaient à Montpellier pour un match de championnat. En tant que directrice du centre de formation, j'avais un excellent alibi. J'ai invité Hoda à me rejoindre pour regarder la rencontre et nous avons même passé la journée ensemble. J'étais sans Louane ce jour-là, donc un peu plus libre de mes mouvements. Après le match, sur le parking, j'étais décidée à tout lui révéler quand un dirigeant de Montpellier s'est immiscé dans notre échange. Il avait visiblement beaucoup à lui dire et j'avais peu de temps. Je lui ai demandé si je pouvais lui emprunter Hoda deux secondes. Nous nous sommes éloignées de quelques pas et je lui ai dit froidement et très vite : « Je suis en couple avec Camille. » Puis je l'ai laissée en plan et je suis remontée dans ma voiture. Quelques minutes plus tard, j'ai reçu un appel incendiaire d'Hoda : « Mais t'es une grande malade, tu balances ça, tu me laisses avec l'autre gars. Tu mériterais que je te défonce. Putain depuis toutes ces années, vous m'avez menti. Les gens me disaient mais elles sont ensemble tes copines. Et moi je m'embrouillais avec eux ! Dis-moi, ça fait combien de temps que ça dure cette histoire ? » Je me suis alors excusée, j'ai expliqué à quel point c'était compliqué même avec nos familles et j'ai pris soin d'éviter la réponse sur la durée du mensonge. Hoda a fait la tournée des amies communes pour s'épancher au téléphone, ça l'a calmée et c'était réglé. L'amitié était plus forte que le ressentiment.

Après la naissance de Louane, nous avions envie de compléter le portrait de famille. Même endroit, même procédure, même donneur inconnu, mais pas même résultat. En 2017, j'ai accouché de jumeaux,

Clara et Gabin. Ça nous en faisait trois et depuis que je connaissais Camille, elle me répétait toujours qu'elle voulait avoir quatre enfants. Nous avons attendu quatre années avant d'y retourner. Il fallait que Camille ait pris sa retraite de joueuse, car nous souhaitions qu'elle porte elle aussi un enfant. Nous sommes retournées à Barcelone. Neuf mois plus tard, en juillet 2021, j'ai emmené Camille à la clinique. J'avais vécu deux césariennes et là j'assistais à l'accouchement de notre quatrième gosse. C'était tellement fascinant. J'ai peut-être même ressenti plus d'émotion que lorsque j'étais la principale concernée. J'étais en pleine conscience, en pleine forme et j'ai vu Mathys arrivé dans ma vie. J'étais une nouvelle fois maman.

À partir du moment où nous avions décidé d'avoir des enfants, il nous fallait assumer notre couple. Ce qui ne signifiait pas non plus d'aller le crier sur tous les toits. Avant eux, c'était comme si j'avais honte de Camille alors qu'elle était une grande fierté de mon existence. Nos gosses ont deux mères et nous leur avons raconté leur histoire ; c'était important, primordial. Quand Camille les emmène au parc pour jouer, il lui arrive régulièrement d'entendre des réflexions très agréables : « Madame, vos enfants vous ressemblent, c'est fou, comme des gouttes d'eau toutes pareilles. » Génétiquement, c'est complètement faux mais entre eux quatre le mimétisme, la connivence et l'amour sont tellement forts que je comprends l'erreur. Nos soirées sont bruyantes, pleines de vie et quand je regarde mon petit monde, je me dis que j'ai la famille idéale. Parfois, ils me demandent : « Mama, qui était la meilleure au foot ? » Je réponds que c'était Camille et Camille répond que nous n'avions pas les mêmes qualités. Comme sur le terrain, nous restons complémentaires et complices. Au tout début de notre histoire, la perte de ma maman nous a rapprochées. Maintenant, nous sommes deux mamans qui se sont trouvées.

17

La reconquête

Le président Aulas m'a demandé si j'étais prête et l'affaire fut réglée en quarante-huit heures. Devenir coach de l'Olympique lyonnais était une proposition que je pouvais difficilement refuser. Mais avant de dire oui, je devais être certaine de pouvoir me consacrer pleinement à cette tâche. En gros, en tant que femme, je devais répondre à une question. M'était-il possible de concilier poste à responsabilité et vie de famille avec quatre enfants ? J'avais un léger doute, mais Camille l'a rapidement levé. Elle ne souhaitait pas faire un choix entre nos vies de mamans et nos carrières professionnelles. Camille était déjà l'adjointe du coach précédent et allait continuer avec moi. Ce qui signifiait que les deux mamans seraient en déplacement en même temps. Dans la future organisation que nous devions mettre en place, il nous fallait quelqu'un de disponible, de réactif et de souple. Pour les matchs à l'extérieur, ça signifiait être à la maison avec les quatre enfants, trois jours de suite. Dans la semaine, en cas de réunions non prévues, il fallait pouvoir rester plus longtemps. Nous souhaitions préserver l'équilibre des petits et ne pas les trimballer. Je ne voulais pas qu'ils pâtissent de ma nouvelle situation. Nous recherchions du sur-mesure pour avoir l'esprit tranquille en toutes occasions. J'en ai parlé au président Aulas et j'ai évoqué la contrainte budgétaire que cela représentait. Il s'est tout de suite montré réceptif et il m'a demandé de lui présenter une simulation chiffrée. Il m'a assuré qu'il intégrerait la somme nécessaire dans ma rémunération. Huit mille euros de salaire plus 4 000 de garde d'enfants, ça faisait un total de 12 000 euros et pour la première fois de l'histoire de l'Olympique lyonnais, une femme devenait coach. Pour le président, j'étais surtout la bonne candidate à ce moment-là et il voulait renouer avec la victoire.

Notre super nounou fut un homme. Mon petit frère était alors disponible, il a dit oui et il a pris un appartement du côté de Lyon. Helder a été l'homme clé du dispositif. Il filtrait les informations négatives, notamment à l'approche d'un match. Il rassurait les gosses car il restait le tonton. Il se montrait conciliant avec nos changements de planning de dernière minute. J'étais un peu sa patronne mais toujours sa frangine. Sans ce dispositif idéal, unique et soutenu par un grand patron, j'aurais refusé. Quand je pense que maman avait dû arrêter de travailler à partir de son troisième enfant pour des raisons financières et pour pouvoir assurer la contingence.

J'ai été officiellement nommée le 27 avril 2021 suite au licenciement de Jean-Luc Vasseur. L'équipe venait de se faire sortir de la Ligue des champions par le PSG en quart de finale. Elle était deuxième en championnat et éliminée de la Coupe de France. Il ne restait que quatre matchs à jouer lors de cette saison qui fut la plus mauvaise depuis 2007. Je sais que certaines joueuses auraient préféré un homme pour les entraîner et qu'elles pensaient que ma nomination à la tête de la meilleure équipe du monde était prématurée. De tout cela, je me fichais complètement. Il y avait un challenge à relever, des choses à prouver, ça m'allait parfaitement.

Dès que je suis arrivée, je tenais à ramener de l'exigence, de l'intensité et de la rigueur. Dès ma première séance, j'ai remarqué des choses qui me dérangeaient. À peine le dernier exercice était-il terminé que certaines joueuses rentraient aux vestiaires. J'ai interpellé des membres du staff qui m'ont expliqué que ça marchait ainsi avant moi. J'ai fait revenir tout le monde sur le terrain et j'ai indiqué qu'à partir de maintenant, on prenait son temps. Du temps pour ranger le matériel et du temps pour écouter les éventuelles informations que je pourrais donner à titre individuel ou collectif. De même, tant qu'on n'avait pas obtenu les résultats escomptés, je n'arrêtais pas la séance d'entraînement. À partir de là, les joueuses patientaient pour avoir l'accord d'un membre du staff avant de quitter les lieux. Ces petites règles de vie bienveillantes avaient pour objectif de restaurer un cadre qui était devenu un peu flou. Je prenais mes marques et je posais ma patte. J'apprenais et, en même temps, j'avais de la bouteille. J'étais comme une gamine de 16 ans en conduite accompagnée à qui on aurait refilé le volant d'une Ferrari. Je me suis dit : « Va pas falloir te louper ma vieille », même si à l'époque, la Ferrari rencontrait des petits problèmes de carburation.

À l'orée de ma première saison complète en tant que coach de l'OL, la philosophie de l'équipe était claire. Nous partions à la « reconquête ». La saison précédente avait été blanche et sèche. Deuxièmes du championnat de France, nous n'étions pas directement qualifiées pour la Ligue des champions. Nous devions passer par un tour préliminaire, une première depuis quatorze ans. Malgré nos sept titres européens, beaucoup se disaient que ça sentait le sapin pour l'OL, que des joueuses étaient en fin de cycle et que l'entraîneure manquait cruellement d'expérience. Nous avons franchi le tour de qualification en Coupe d'Europe face aux Espagnoles de Levante après une âpre bataille. Puis nous avons dominé le championnat en ne quittant jamais la première place, même si le PSG nous a collé aux basques. En Coupe de France, nous avons été sorties dès les quarts de finale par Paris, ça me faisait un objectif en moins. Et, comme toujours, ma saison allait se jouer sur un match : la finale de la Ligue des champions à Turin face aux tenantes du titre : le FC Barcelone. Tout le monde nous donnait perdantes et prédisait qu'on allait se prendre une pilule mémorable. La presse évoquait une passation de pouvoir entre celles d'hier, c'est-à-dire nous, et celles qui incarnaient l'avenir, c'est-à-dire elles, les Barcelonaises. La veille de la rencontre, les Espagnoles se sont entraînées sur la pelouse de la finale. Elles affichaient une telle arrogance. Leur séance tenait plus du folklore que de la préparation physique. Elles multipliaient les photos et les vidéos pour entretenir leurs réseaux sociaux et leurs stories. Lors des conférences de presse, elles manifestaient une telle confiance que le match ne devait être qu'une simple formalité. Les sites de paris sportifs nous cotaient à six contre un et dans le bus qui menait les supporters lyonnais au stade, mon père a même exhorté les autres à parier sur une large victoire de l'OL s'ils voulaient se faire un joli billet. Il était sûr de nous et il était un des rares à y croire.

Le matin du match, nous sommes sorties de l'hôtel pour une petite promenade dans un parc tout proche. Les Barcelonais étaient déjà partout avec des drapeaux dans tous les sens. Plus tard, lorsque nous sommes arrivées au Juventus Stadium, il y avait 2 000 fans de l'OL alors que Lyon n'était qu'à trois heures de Turin. Côté catalan, ils étaient dix fois plus, une marée humaine aux couleurs *blaugrana*. Les *aficionados* de Barcelone supportaient avant tout une de leurs équipes. Le fait que ce soit une formation féminine importait peu ; ils étaient viscéralement attachés à leur club et ils venaient voir leur Barça l'emporter. Ils occupaient les trois quarts du stade, nous jouions chez eux. Peu de gens se doutaient que l'OL allait une nouvelle fois tout écraser et réduire à néant les espoirs d'un adversaire présenté la veille encore comme un monstre invincible. Les Barcelonaises avaient manqué d'humilité et de respect par rapport à l'OL dans l'approche du match. Elles avaient titillé l'orgueil et l'ego de l'équipe et la détermination de mes joueuses s'en trouvait décuplée. Tout au long de la saison, j'ai eu la volonté de rétablir l'esprit de compétition qui était la marque de fabrique de l'OL. Je voulais une équipe soudée, qui ne lâchait rien et qui, au-delà des qualités individuelles additionnées, se transformait en rouleau compresseur collectif. L'équipe était à peu de chose près la même que la saison précédente, mais la confiance qu'elle dégageait n'avait plus rien à voir.

À un moment donné, j'ai levé la tête vers le tableau d'affichage et je me suis dit : « Je rêve ou quoi ? Y a un truc qui cloche ! » Nous menions trois buts à zéro après trente-quatre minutes de jeu ; même dans mes pronostics les plus fous je n'avais pas imaginé ça. Nous étions en train de réaliser le match parfait. Tactiquement, physiquement, mentalement et techniquement, les quatre composantes du sport de haut niveau étaient alignées. En psychologie, on appelle ça être dans la zone, on se retrouve dans une euphorie calme, on réussit facilement et habilement. En tant que joueuse, cela a dû m'arriver trois ou quatre fois dans ma carrière, pas plus. Je volais, je planais sur le match, j'enchaînais les gestes de manière inexplicable et avec fluidité. En tant que coach, c'était la première fois que j'étais dans la zone. C'était la perfection et nous étions toutes unanimes sur ce point, joueuses et staff. Le score final fut de trois buts à un. Quand j'ai gagné la Ligue des champions en tant que joueuse, j'avais l'impression d'avoir contribué à la victoire par mon jeu, même avec des chaussures trop grandes. J'étais surtout centrée sur ma prestation. En tant que coach, j'ai eu la sensation d'avoir poussé toute l'équipe à atteindre la meilleure performance possible. Je me disais que j'avais aidé le club à glaner un trophée de plus : le devoir était accompli. Je devenais la première femme à avoir remporté la Ligue des champions en tant que joueuse et en tant qu'entraîneure. Il en fallait bien une et ce fut moi. Les médias en ont fait des caisses sur cette histoire. Je n'étais pas la seule de mon staff à avoir travaillé, nous étions toute une équipe de techniciens. Si on prenait en compte le cas de

Camille Abily, avec qui je formais un véritable binôme, je n'étais pas l'unique femme et pas la première non plus. Elle a remporté cinq Ligues des champions en tant que joueuse et dès 2020, elle l'a gagnée en tant que coach adjointe. J'étais l'entraîneure principale, alors il était certain que ce storytelling serait plus accrocheur. Être la première à réaliser ce doublé m'a procuré de la satisfaction mais c'était pour l'Histoire et moi je suis encore vivante. Comme lorsque j'étais joueuse, une fois l'objectif atteint, j'ai fait *reset*, j'ai tout effacé pour mieux repartir vers une nouvelle aventure. Il fallait remettre ça et s'inscrire dans la durée.

Quant à Jean-Michel Aulas, cette huitième Ligue des champions était une sorte d'aboutissement. Comme à Craven Cottage pour notre première Ligue des champions, nous avions joué les championnes en titre en tant qu'outsider. Si la victoire de 2011 fut un moment charnière dans l'histoire du club, celle de 2022 le fut tout autant. Cette victoire a restauré la place de l'Olympique lyonnais au niveau européen et mondial. Et puis cerise sur le gâteau pour le président Aulas : une ancienne joueuse de l'OL réussissait en tant qu'entraîneure de son club et il avait encore une fois gagné son pari. Pour moi, une voie royale s'ouvrait : j'aurais pu lui demander n'importe quoi. Après la victoire en Coupe d'Europe et le titre de championnes de France, je faisais mon retour à

La reconquête

Saint-Tropez après dix ans d'absence. Avec tout le groupe, nous satisfaisions à la coutume et à l'invitation du président. C'était encore mieux que la première fois. Avec le temps et l'âge, j'appréciais encore plus intensément ces instants rares. Nous avions réussi tous ensemble et nous fêtions tous ensemble la reconquête.

18

Coach Sonia

Je ne suis pas au travail pour me faire des amies. Je pars du principe qu'il vaut mieux que les gens sachent à quoi s'attendre avec moi. Je dis les choses avec sincérité et parfois cela peut sembler dur à entendre. Il faut conserver une certaine distance avec les joueuses, la même pour toutes, mais il faut rester humaine. Ça, c'est l'enseignement que j'ai tiré de Bruno Bini, incapable de parler en face à face et adepte du favoritisme. Dans mes échanges, lors des discussions, je ne suis jamais énervée parce que se laisser diriger par ses émotions ne véhicule jamais le bon message. J'essaie toujours de partir du contexte et de m'en tenir aux faits. Une fois le problème réglé, il appartient au passé et tout est oublié. Ça, c'est la morale que je tire de mon conflit avec Jean-Michel Aulas. Un coach ne peut vivre que dans le moment présent. Les victoires sont vite balayées parce qu'à peine une saison terminée, une autre lui succède. Les compteurs sont remis à zéro et si on aligne à nouveau huit mois de travail de qualité, tout est anéanti en cas de défaite. C'est l'impitoyable règle du haut niveau et en tant qu'entraîneure, je l'accepte.

La saison qui a suivi la reconquête, nous avons rencontré Chelsea en quart de finale. Le match retour était terminé, il restait une action et nous étions qualifiées. Mais cette action fut confuse et a abouti à un penalty accordé après de longues minutes de visionnage vidéo. La faute était une fiction mais le but de Chelsea fut bien réel. Ça s'est finalement joué aux tirs au but et nous nous sommes fait sortir de la compétition.

Ce soir-là, j'ai détesté le foot. Depuis toute petite, je ne prends du plaisir que dans la victoire, même si elle est éphémère. La durée de vie d'une victoire, c'est un soir ; un échec, c'est l'éternité. La défaite face à Chelsea en 2023 était le pire moment de ma carrière. Je me sentais seule, responsable, vide et je devais trouver les mots pour relancer la machine. Nous étions un jeudi soir et trois jours plus tard, nous devions affronter Le Havre en championnat. Nous avions pris le parti de ne pas rentrer à Lyon et d'aller directement au Havre. Dans l'avion régnait un silence absolu. Le lendemain, nous avons enclenché notre routine sans trop d'enthousiasme et puis le jour du match est arrivé. Il fallait le gagner pour avancer et laisser autant que possible le faux pas derrière nous. Ce métier est usant. Une équipe comme celle de l'OL dispute des rencontres tous les trois jours. Mon cerveau est en éveil constant. C'est du non-stop. Les joueuses qui n'ont pas joué, celles que j'ai sorties en cours de jeu, celles que j'ai fait entrer dans la partie trop tard à leur goût, sont toutes frustrées. Et dans la période qui sépare deux matchs, je dois gérer ces frustrations. Ma vision des choses, c'est que je sais qu'à un moment donné j'aurai besoin de tout le monde et je sais aussi qu'une joueuse désappointée va être plus fragile mentalement. À moi de ne pas la perdre, à moi d'avoir un échange avec elle. Les joueuses les plus importantes dans le management sont celles qui ne jouent pas. Celles qui démarrent le match sont heureuses, les autres moins et elles demandent de l'attention et de la considération.

Quand tu es joueuse tu es centrée sur toi, quand tu es entraîneure tu ne penses qu'aux autres et tu ne cesses de prendre des décisions. Plus tu décides, plus tu risques de te tromper et je n'accepte pas l'erreur. Je ne m'en donne pas le droit. J'ai grandi en tant que petite fille au milieu de garçons. Je me devais d'exister et le meilleur moyen était de ne pas se tromper. Si, dans un match, je montrais que j'étais faible, ils allaient me laminer sans pitié. Pour Sonia Bompastor, entraîneure de l'OL, c'est la même chose. Si on ne gagne pas, je considère que c'est toujours ma faute. Je suis très dure avec moi-même et dure envers les autres. Il m'est arrivé d'avoir des joueuses en pleurs dans mon bureau, mais mon rôle de coach me forçait à dire les choses. Je déteste faire du mal aux gens, mais mon objectif n'est pas qu'elles disent : « Elle est trop cool, Sonia. » Je préfère même qu'elles pensent : « Sonia nous fait gagner des matchs et peu importe si on n'en pense pas que du bien. » Bien entendu, c'est très dur d'accepter d'être jugée négativement mais c'est une possibilité. Après il faut être clair, un vestiaire de foot et surtout un vestiaire féminin, c'est extrêmement cruel. Le coach a intérêt à avoir le dessus sinon il se fait dévorer, il tombe de son piédestal.

Il m'est arrivé à l'OL lors d'une réunion de groupe d'avoir face à moi toutes les joueuses qui, les unes après les autres, se plaignaient d'à peu près tout. Elles remettaient en cause le travail du staff. J'ai dû expliquer fermement qu'elles étaient des joueuses et que leur métier était de s'entraîner, de bien récupérer, de bien manger et d'avoir la bonne mentalité. Le reste c'était notre travail, pas le leur. J'ai rappelé que je menais le bateau et que si je me rendais compte que certaines faisaient des trous dans la coque au lieu de ramer, j'allais les dégager vite fait du navire. Si je ne faisais pas ça, j'étais certaine d'avoir la coque criblée et la tête sous l'eau. Mon expérience d'ancienne joueuse est sur ce point primordial, car moi aussi il m'est arrivé de placer un coach sur le gril. Une joueuse a besoin de comprendre ce qu'elle fait et pourquoi elle le fait. Si ces deux points sont questionnables, l'entraîneure est en mauvaise posture. À l'OL, j'étais à la tête d'une des meilleures équipes du monde, je manageais des stars avec des ego importants. Et qu'on ne s'y trompe pas : pour gagner des titres, il faut ce genre de profils, il ne faut surtout pas que des « bien gentilles ». Et le coach doit accepter le risque de sa propre impopularité. Et dans ce tableau, je trouve mon équilibre dans ma vie de famille.

À la maison, on ne parle pas de foot. C'est une règle que nous ont imposée les enfants en grandissant. Quand nous partons en déplacement pour des matchs, nous nous absentons toutes les deux à cause du foot. Alors lorsque nous sommes à la maison, ils exigent qu'on parle de tout sauf de nos métiers. C'est Louane qui a un jour verbalisé cette remarque qui est devenue une règle. Elle n'avait que 7 ans et elle avait raison. Il me fallait déconnecter, sous peine de me ronger la santé et le cerveau. Ce job peut rendre folle. À l'OL, j'avais la chance de m'appuyer sur un staff important. Vingt-cinq personnes assuraient pour l'équipe des missions différentes qui vont du technique, en passant par le médical, l'intendance, la communication, le recrutement. La plupart de mes collègues de première division française ne bénéficiaient pas des mêmes chances. Ils faisaient tout. Une fois la saison terminée, ils comptaient le matériel pour dresser un bilan de ce qu'il leur fallait commander pour la saison suivante. Ils s'occupaient des lessives et aussi de recruter de nouvelles joueuses. Ils ne coupaient jamais. Camille et moi, nous coupons, nous avons des sas. Camille est la femme de ma vie, mais pas au boulot. Au boulot, c'est Camille Abily l'entraîneure adjointe et Sonia Bompastor l'entraîneure. C'est naturel pour nous parce qu'au cours de notre parcours, nous avons tellement caché notre relation que nous avons l'habitude de ne redevenir un couple qu'à la maison. Et une fois à la maison, on fait les devoirs, on parle de la journée à l'école, on sort un jeu de société, on lit des histoires. Nos enfants nous ont bien éduquées. Ils nous sont surtout indispensables. Par exemple, après la défaite face à Chelsea, nous sommes arrivées à l'hôtel très tard et je n'ai eu les gosses au téléphone que dans l'après-midi. Ce fut mon unique moment de réconfort de la journée. Coach Sonia laissait enfin un peu de place à Mama Sonia.

19

De l'US Mer au FC Chelsea

J'ai vidé mon casier et mon bureau. J'ai récupéré mes vêtements, mes dossiers, mes effets personnels. J'ai rendu le véhicule, l'ordinateur, le téléphone portable et le badge d'accès. Je sais que je serai toujours la bienvenue à Lyon mais je ne serai plus la « boss ». Seize années de ma vie à me lever tous les matins et à penser à ce club. Joueuse, directrice du centre de formation, entraîneure, j'ai côtoyé les mêmes personnes pendant presque tout ce temps. J'aurais pu rester à vie à Lyon : l'OL c'est ma famille, c'est chez moi. Mais il faut bien une fin à une histoire. La mienne s'est écrite un jour de défaite en finale à Bilbao le 25 mai 2024. Deux à zéro pour Barcelone et adieu la Ligue des champions.

Au coup de sifflet final, je baignais dans la déception de ne pas avoir atteint l'objectif puis au moment de la cérémonie de remise des médailles, j'ai compris que c'était la dernière avec l'OL. J'aurais tant aimé terminer par une victoire. J'étais triste et fatiguée. J'ai fini la saison complètement rincée mentalement et physiquement. À l'OL, la pression du résultat est énorme et permanente. Au regard du passé du club je ne pouvais pas me contenter d'une bonne saison, avec un classement honorable. À l'Olympique lyonnais, il fallait des titres toujours et encore. Juste avant la finale, nous avions assuré celui de championnes de France. Mais en plus des vingt-deux matchs de la saison régulière, nous avons eu droit à des *play-off*, un supplément coûteux en énergie. Une demi-finale et une finale disputées lors des dix jours précédant le match face à Barcelone. Victoire obligatoire, pression supplémentaire, grosse fatigue pour la coach qui en plus devait assumer la fin avec son club. J'avais beaucoup encaissé et il me fallait relâcher toute cette pression. J'ai énormément pleuré après la finale.

Mon parcours avec l'Olympique lyonnais défilait dans ma tête. Je ne revoyais que les bons moments, mais je me suis arrêtée sur un froid constat. J'ai terminé en 2013 mon aventure en Ligue des champions en tant que joueuse par une défaite en finale et onze ans plus tard, j'ai remis ça mais comme entraîneure cette fois. C'était comme ça, je devais faire avec. J'ai officiellement annoncé mon départ aux joueuses au lendemain de la finale, dans le bâtiment des filles au centre d'entraînement. Les larmes sont vite venues et l'essentiel de mon message était de dire merci. De toute façon, il était temps de partir. Le moment juste était venu, même si je resterais une lionne à tout jamais.

Les premiers contacts avec le FC Chelsea remontaient à janvier 2024. Le poste d'entraîneur des Blues allait se retrouver vacant en juin de cette année-là. Emma Hayes avait annoncé qu'après douze ans passés à Londres, elle cédait la place pour entraîner l'équipe nationale américaine. Trois semaines avant le premier appel londonien, je me posais déjà la question de rester ou pas à l'OL. J'avais passé trois ans avec quasiment le même groupe. Pour tout le monde, une zone de confort s'installait, une forme de lassitude aussi. Je sentais que j'avais plus de mal à surprendre. En moi, naissait l'idée d'un départ anticipé pour le bien de toutes. Cet intérêt de Chelsea à mon égard tombait à point nommé. J'étais à l'écoute. Il s'agissait du championnat d'Angleterre, le pays des championnes d'Europe, le pays où le football féminin avait le vent en poupe. Le challenge personnel et familial était motivant. Mais Chelsea ne faisait que me sonder. Le club avait dressé une liste d'une dizaine de candidats et de candidates potentiels. Les dirigeants nous ont proposé un entretien à Camille et à moi. Ils ont précisé qu'à compétences égales, ils avaient la volonté de privilégier une candidature féminine. Mi-février, nous avons eu la réponse par l'intermédiaire de notre agent. Nous étions le choix numéro un. Mais je n'ai pas sauté au plafond, nous avions beau être *number one*, il nous restait un an de contrat avec l'Olympique lyonnais. Nous avons mis au courant Vincent Ponsot, le directeur général de l'OL féminin, qui a été surpris par cette annonce avant de l'admettre et de la comprendre. Chelsea nous avait choisies et nous avions choisi Chelsea. Ce qui a fait la différence en notre faveur était d'avoir remporté la Ligue des champions en tant que joueuses et en tant que coachs. Et puis avoir dans son pedigree trois années vécues à la tête de l'OL, ça avait de la gueule et de quoi convaincre un grand club qui courait toujours après une victoire en Coupe d'Europe. Chelsea nous a offert un contrat de quatre ans, ce qui dans le monde du football est confortable pour faire ses preuves. Le défi est clair et l'objectif précis : remporter à nouveau la Champions League, mais avec un club étranger et pas n'importe lequel. Chelsea est une marque mondialement connue. Le jour de l'annonce de ma signature à la tête de l'équipe féminine, le simple communiqué de presse a été lu plus d'un million de fois.

Je vais donc écrire un nouveau chapitre de ma vie. Il sera en anglais et il est déjà excitant. Il va falloir être performant loin de Lyon et de l'OL, dans un pays à la culture, à la mentalité et à la langue différentes. Lors de notre entretien avec Chelsea, les dirigeants nous ont demandé ce que nous comptions faire concernant nos familles respectives, à Camille et à moi. Nous leur avons répondu que nous allions leur faciliter la tâche parce que nous étions en couple avec quatre mômes. Ils ne connaissaient rien de nos vies personnelles et dès le début, ils ont affiché leur soutien total à notre histoire de famille. Nos enfants vont donc aussi vivre cette aventure et ce point fut capital dans notre décision. Ils vont s'enrichir de cette expérience et c'est un bonheur sans nom de pouvoir leur offrir cette opportunité. À Londres, nous aurons la même organisation que celle mise en place en France autour de nos enfants. Ce dispositif nous permettra d'être toujours à 100 % : totalement coachs et totalement mamans. Et si mon frère fut l'élément central de nos plannings en France, la suite sera prise en charge par une nounou dédiée et aussi parfois par la sœur de Camille qui vit et travaille à Londres. Décidément, c'est une grande histoire de famille. J'ai soif de ce nouveau défi et je n'ai pas peur d'un échec éventuel. Que pourrait-il nous arriver dans le pire des scénarios ? Un retour prématuré en France ? Ça ne détruirait pas notre cellule familiale, donc tout va bien.

Je ne suis pas carriériste et j'ai du mal à me projeter. Mais quand je me retourne sur le chemin parcouru, se dessine une trajectoire qui me plaît et qui servira peut-être aux générations futures. Quand j'étais gamine, j'étais vue comme un ovni sur pattes et pour pouvoir pratiquer le foot entre filles, il fallait parcourir des kilomètres afin de dénicher les autres ovni et être assez nombreuses. Toute petite, j'ai dû mener des batailles juste pour pouvoir jouer, puis tout au long de ma carrière il y a eu d'autres combats et de nouveaux se présenteront à Chelsea. Mais il faut bien le dire, la nature des conflits n'est plus la même. Nous avons acquis une légitimité certaine. Je vois mal aujourd'hui quelqu'un venir me voir et me dire, juste parce que je suis une femme : « Sonia, ce que tu fais c'est nul, faut que t'arrêtes. » Quand mon neveu Tiago était tout gamin, il pensait que seules les filles jouaient au foot car les seuls matchs auxquels il assistait étaient ceux de sa tante. Il y a quelque temps, nous avions eu dans nos locaux de l'OL trois jeunes stagiaires issus de la préformation du club. L'un de ces gosses m'a interpellée : « Vous savez que vous êtes très forte au jeu vidéo de football ? Votre personnage est noté quatre-vingt-onze sur cent. » Je ne savais même pas comment jouer au foot sur console. Il m'a également appris que je faisais partie de l'équipe des héros, que mon surnom était « Bombardier » et que ma carte était très rare. Dans ma carrière, j'ai vécu pas mal de première fois et beaucoup de progression. Ma connaissance du contexte reste un atout. Je sais d'où nous partons. Quand Michele Kang, la nouvelle propriétaire américaine de l'OL féminin, est venue visiter le centre d'entraînement, elle s'est étonnée : « C'est quoi ce taudis ? », parce que nous étions dans des préfabriqués. Pour moi, ce n'était certes pas le grand luxe, cela aurait pu être plus confortable, mais ça me permettait de bien travailler. C'était là que le plus grand club du monde avait bâti son aura. Et, à part nous, personne ne possédait un tel confort. Nous en étions là. Du rien au tout, il y a un sacré chemin. Nous progressons et nous restons fragiles. Si l'on prend l'exemple de l'Olympique lyonnais, il incarne une forme de perfection dans son domaine. Le club a permis de bouger les lignes. Il a innové et a réussi, pourtant on a l'impression que ce modèle pourrait être balayé du jour au lendemain. Quelqu'un pourrait venir, mettre un grand coup de sabre et le colosse serait réduit à néant. Notre foot est trop dépendant du bon vouloir des autres. Le président Aulas a quitté l'OL et une page s'est tournée. L'Olympique lyonnais est un exemple qui pour moi est resté sans suite, en tout cas en France. L'avenir du foot pratiqué par les femmes est loin d'être gagné et de toute façon, il nous faudra encore combattre, jouer les matchs les uns après les autres et faire avec, une nouvelle fois. Cette lutte permanente résume, ni plus ni moins, la place de la femme dans notre société.

Le 20 septembre 2024, j'ai disputé ma première rencontre de Women's Super League en tant que coach de Chelsea face à Aston Villa. Premier match de championnat, première victoire, un à zéro. La petite fille de 7 ans qui jouait à l'US Mer dirige désormais un des plus grands clubs du monde. Celle qui ne parlait pas le français quand elle est entrée à l'école répond dorénavant aux interviews en anglais avec un accent bien *frenchy*. De ces années qui passent, de cette vie qui coule, le ballon est le trait d'union. Mon sport est ma passion éternelle. Le foot a façonné la femme que je suis.

Remerciements

Toutes les personnes citées dans ce livre m'ont permis d'être la femme que je suis aujourd'hui ; je leur adresse à tous mes remerciements.

Enfin, je tiens à remercier particulièrement Farid Haroud qui a été la pierre angulaire de ce projet. Chacune de nos nombreuses séances de travail a été un moment de plaisir. Même lorsque ma mémoire me faisait défaut, Farid m'a permis de restituer mon histoire. Grâce à sa rigueur, ce livre reflète réellement mon vécu.

Table

Cet ouvrage a été mis en page par IGS-CP
à L'Isle-d'Espagnac (16)

Imprimé en France par CPI
en janvier 2025

Dépôt légal : février 2025
N° d'édition : 625549-0
N° d'impression : 181978